Sam Osmanagich

DAS GEHEIMNIS DER ANASAZI

Eine technische Hochkultur, die nach 300 Jahren
so plötzlich verschwand, wie sie aufgetaucht war

Aus dem Amerikanischen von
Sabina Trooger & Vincenzo Benestante

Titel der autorisierten amerikanischen Ausgabe:
THE MYSTERY OF THE ANASAZI CIVILIZATION
Surprising Evidence of Spiritual and Astronomical Knowledge
of the Mysterious Anasazi's Civilisation of the Remote American Canyons

Copyright © 2013 by Dr. Sam Osmanagich

Brandheiße Infos finden Sie regelmäßig auf:
www.facebook.com/AMRAVerlag

Besuchen Sie uns im Internet:
www.AmraVerlag.de

1. Auflage 2016

Eine deutsche Erstausgabe im AMRA Verlag
Auf der Reitbahn 8, D-63452 Hanau
Telefon: + 49 (0) 61 81 – 18 93 92
Kontakt: Info@AmraVerlag.de

Herausgeber & Lektor	Michael Nagula
Einbandgestaltung	Anke Koopmann – Guter Punkt
Covermotive	Robert Cicchetti – Shutterstock
Fotorechte	Sam Osmanagich
Layout & Satz	Birgit Letsch
Druck	Clausen & Bosse

Die bosnische Originalausgabe des Buches erschien 2013 unter dem Titel *Misterija Anasazija* im Rahmen der Stiftung »Fondacija Arheoloski park Bosanska piramida Sunca«, Sarajevo; die Übersetzung ins Amerikanische besorgte Colleen London.

ISBN Printausgabe 978-3-95447-158-4
ISBN eBook 978-3-95447-159-1

Alle Rechte der Verbreitung vorbehalten, auch durch Funk, Fernsehen und sonstige Kommunikationsmittel, fotomechanische oder vertonte Wiedergabe sowie des auszugsweisen Nachdrucks.

Inhalt

Einführung		7
1	Coronado	10
2	Fajada Butte	19
3	Hungo Pavi	30
4	Pueblo Bonito	39
5	Chetro Ketl	50
6	Pueblo del Arroyo	61
7	Kin Kletso	71
8	Anasazi-Straßen	79
9	Aztec	89
10	Die große Kiva	100
11	Mesa Verde	110
12	Die Astronomen von Mesa Verde	121
13	Der Sprung der Anasazi in die absolute Freiheit	134
14	Die Wachtürme von Hovenweep	146
15	Indianerhimmel über Arizona	157
16	Die Botschaft der Hopi	168
17	Canyon de Chelly	179
18	Das Weiße Haus	191
19	Der Kreis schließt sich	202
20	Wiedersehen mit Melvin	211
21	ACIO	219
22	Die Höhle	227
23	Projekt »Ancient Arrow«	235
Register der Namen und Orte		245
Über den Autor		253

»Ein Energiefeld hält die Anasazi
in den inneren Welten der Erde fest.«

Drunvalo Melchizedek

Einführung

Auf der Erdoberfläche finden sich die Spuren von achtzehn Eiszeiten, die sich im Laufe der letzten zwei Millionen Jahre ereigneten und jeweils etwa hunderttausend Jahre andauerten. Dazwischen lagen kurze Wärmeperioden von jeweils höchstens zwölftausend Jahren. In diesen Zeitspannen begannen neue Lebenszyklen. Das Leben blühte auf, die Erde wurde grün und fast überall erklangen die Stimmen verschiedenster Lebewesen.

Im Augenblick befinden wir uns am Ende einer solchen temporären Wärmeperiode, die vor 11.500 Jahren begann. Wir nähern uns schnell einer neuen Eiszeit. Die Klimaveränderungen werden zunehmen, kalte Regionen werden noch kälter werden, warme Gebiete noch wärmer. Ein weiterer Lebenszyklus geht seinem Ende zu. Auch die derzeit vorherrschende Zivilisation nähert sich ihrem Ende, und es wird viele Generationen dauern, bis wieder ein neuer Zyklus beginnt.

Der rote Faden, der sich durch die Zivilisationen der verschiedenen Wärmeperioden zieht und sie miteinander verbindet, wird wohl verloren gehen. Doch vielleicht wird er mancherorts verbal, und hier und da womöglich sogar schriftlich, weitergegeben werden. Legenden werden daraus entstehen, und diese werden im Laufe der Zeit in jenen tief wirkenden Kräften aufgehen, mit denen wir alle durch unsere Mythen und unsere Fantasie verbunden sind.

Werden unsere fernen Nachfahren irgendetwas über uns wissen? Oder werden sie glauben, »die erste intelligente Zivilisation der Erde« zu sein, genau wie wir es in unserem Stolz und unserer Unwissenheit von uns selbst annehmen? Werden sie in der Lage sein, die immense Vielfalt und Spiritualität zu genießen, die zu begreifen wir offenbar unfähig sind? Wir sehen dieser fernen Zukunft entgegen, aber heute wollen wir uns einer gar nicht so fernen Vergangenheit zuwenden und über ein Volk sprechen, das etwa zur selben Zeit aufstieg wie wir, das einst einen kleinen Teil unseres Planeten mit uns teilte, und das wir dennoch so vollständig vergessen haben, als hätte es nie existiert.

Es hat uns nicht viele Spuren hinterlassen. Einige Ruinen von Gebäuden und astronomischen Observatorien, ab und zu eine vereinzelte Petroglyphe. Und hin und wieder eine Legende, bewahrt von Menschen, die erst auftauchten, als dieses Volk längst verschwunden war.

Dreihundert Jahre sind für eine Zivilisation keine besonders lange Zeit. In streng wissenschaftlicher Terminologie dürfte man da eigentlich nicht einmal von einer Zivilisation sprechen. Dies liegt nicht zuletzt daran, dass wir weder Anhaltspunkte über ihre Ursprünge besitzen noch schriftliche Aufzeichnungen über ihr Wissen und über ihre Beweggründe, ihre Heimat schließlich zu verlassen und niemals dorthin zurückzukehren. All dies bleibt ein Geheimnis.

Ihre Städte tragen Namen, die wir ihnen gegeben haben. Wir wissen nicht, wie sie selbst sie genannt haben. Wir können nur raten, welchem Zweck gewisse seltsame Gebäude gedient haben mögen. Die Herausforderung, der sich dieses Buch stellt, besteht darin, aus den Tiefen der kosmischen Geschichte zumindest einen kleinen Teil des Wissens zu bergen, das diese längst Verschwundenen besaßen.

Damit es nie wieder vergessen wird.

Wir nennen sie die »Anasazi«.

1
Coronado

Albuquerque, Neumexiko

Ich lande mit dem Flugzeug in Albuquerque, einer Stadt von einer halben Million Einwohnern – ein Drittel des weiträumigen, dünn besiedelten US-Bundesstaates Neumexiko. Die Schalter der Autovermietungsfirmen, die den Reisenden in den Vereinigten Staaten in jeder Ankunftshalle erwarten, befinden sich hier außerhalb des Flughafengebäudes. Wahrscheinlich hängt das mit der Terroristenabwehr zusammen. Ein Pendelbus bringt mich die wenigen Kilometer dorthin. Die Formalitäten bei AVIS dauern nur ein paar Minuten, und schon steckt der Zündschlüssel im Anlasser des Hyundai »Santa Fè«.

Es ist ein sonniger Morgen, und eine breite Autobahn heißt mich für die erste Etappe meines Besuchs in der Welt der Anasazi willkommen. Meine Reise wird mich durch vier Bundesstaaten führen: Neumexiko, Colorado, Utah und Arizona.

»Ein neues Leben ist geboren. Ein Baby schreit in dem kleinen Zimmer mit den Steinwänden. Es liegt auf einer Decke, und daneben liegt ein Maiskolben, die »Maismutter«, die zwanzig Tage lang dort bleiben wird. In dieser Zeit bleibt das Baby im Dunkeln. Erst am frühen Morgen des zwanzigsten Tages nimmt die Mutter ihr Kind auf den linken Arm und den Maiskolben in die rechte Hand. Sie nickt ihrer Mutter zu, der Großmutter des Babys, und gemeinsam verlassen sie das Haus in östlicher Richtung. Sie halten an, beten schweigend und brechen die Maiskörner aus dem Kolben, eines nach dem anderen. Sie werfen sie in Richtung des Sonnenuntergangs. Wenn die Sonne den östlichen Horizont ganz erklommen hat, tritt die Mutter vor, hebt ihr Kind der Sonne entgegen und sagt: »Vater Sonne, dieses Kind gehört dir ...«

Der Name, mit dem die Anasazi sich selbst bezeichneten, ist verloren gegangen. Siebenhundert Jahre nach ihrem Verschwinden kamen große Navaho-Gruppen aus dem Norden, aus Kanada, in die Gegend. Beim Anblick der Überreste ihrer Gebäude nannten sie deren Erbauer *Anasazi*: »uraltes Volk« (oder, laut einer anderen Übersetzung, »Feinde unserer Ahnen«).

Die Anasazi passen sehr gut in das Schema der heutigen Geschichtsschreibung, die die Entwicklung des modernen Menschen in drei Phasen einteilt. In der ersten Phase, die vor 2.000 Jahren begann, lebten die ersten Nomadenstämme. In der zweiten Phase, die etwa 600 n. Chr. begann, entstanden die ersten unterirdischen Siedlungen. Die dritte und fortschrittlichste Phase, in der steinerne Städte entstanden, begann zwischen dem 10. und 13. Jahrhundert.

Wir haben keine Erklärung dafür, warum die Anasazi, die sich innerhalb eines riesigen Gebiets ausgebreitet hatten, im 13. Jahrhundert ihre Städte alle verließen. Laut der vorherrschenden These zogen sie in zwei Richtungen davon – in den Südwesten, also in das heutige Arizona, wo inzwischen die Hopi leben, die die Anasazi als ihre Vorfahren betrachten, und in den Südosten, das heutige Neumexiko, wo nun 19 verschiedene Pueblo-Indianerstämme zu Hause sind.

Es gibt dabei allerdings ein kleines Problem, denn zwischen dem Verschwinden der Anasazi-Zivilisation und dem Auftauchen der Pueblo-Indianer klafft eine gewaltige zeitliche Lücke.

Unter den seltenen schriftlichen Aufzeichnungen über die ersten Funde in unberührten Anasazi-Städten befindet sich ein sehr interessanter Bericht aus der Feder Al Wetherhills, der 1882 den Mesa Verde Canyon besuchte.

»Die Gegenstände in den Zimmern lagen da, als seien die Besitzer nur für einen kurzen Besuch hinausgegangen. Wunderschöne Schalen und Vasen standen ordentlich aufgereiht auf dem Boden, Haushaltsgegenstände lagen genau da, wo die Hausfrauen sie zuletzt benutzt hatten ... Spuren spielender Kinder und Hinweise auf Treffpunkte der Männer ... Die Asche längst erloschener Feuer in den Kaminen ... Es gab keinerlei Hinweise auf Gewalt. Es war, als könnten wir die Menschen beinahe noch vor uns sehen, als könnten wir sie auf dem Feld beobachten und das Bellen ihrer Hunde und das Kollern ihrer Truthähne hören und den Frauen zuschauen, wie sie Getreide mahlten und die tägliche Mahlzeit zubereiteten, und den Kindern, die in der Nähe des Hauses spielten.

Ich hatte das Gefühl, heiligen Boden zu betreten, und erlebte den Frieden dieser Siedlung, obwohl die Bewohner einem längst verschwundenen Volk angehörten ...«

Die Fahrt war angenehm. Bei Taco Bell machte ich eine Pause. Das Restaurant war voller Schulkinder. Lauter Indianergesichter. Daran merkte ich, dass ich im Sandia Pueblo Reservat angekommen war. Auf dem Parkplatz stand ein etwa fünfzigjähriger Indianer mit langem Haar, der per Anhalter mitfahren wollte. Bevor ich ihm die Beifahrertür öffnete, fragte ich ihn, wohin er wollte. »Nach San Ysidro, und von dort nehme ich den Bus nach Farmington.« Da ich plante, die Nacht irgendwo in der Umgebung von Farmington zu verbringen, bot ich ihm an, ihn bis dorthin mitzunehmen. »Aber«, warnte ich, »wir werden erst spätabends ankommen, denn ich will unterwegs in Coronado haltmachen und einige Zeit im Chaco Canyon verbringen.«

Er sah mich an, als überfielen ihn plötzlich Zweifel, ob er mit mir zusammen reisen wollte. Dann nickte er und meinte, dass er erst in zwei Tagen in Farmington verabredet sei. »Melvin«, stellte er sich vor. »Ich bin der Übersetzer der Santa Ana Pueblo-Indianer. Übermorgen findet eine Konferenz der Repräsentanten der Pueblo, Utah, Navaho und Apachen statt.«

Ich hatte den Eindruck, dass wir auf der Fahrt interessante Gespräche führen würden.

Die Sonnenstrahlen gleißten auf den schimmernden Rüstungen der dreihundert Reiter, die stolz auf dem Hauptplatz von Mexiko Stadt paradierten. Ihr Anführer war Hauptmann Don Francisco Vásquez de Coronado. Er hatte seit zwei Jahren auf diesen Moment gewartet – seit 1538, als Mendoza ihn zum Gouverneur der Provinz Nueva Galicia ernannt hatte. Er rief sich alles ins Gedächtnis, was er über die Gebiete nördlich des kolonisierten Mexiko, genannt Neuspanien, wusste ...

... Als die Muslime im Jahr 714 Portugal eroberten, waren sieben katholische Bischöfe zusammen mit ihren Anhängern über den Atlantik in ein Land geflohen, das man Antilia nannte. Dort hatten sie sieben Städte gegründet. Im Laufe der Zeit begannen Gerüchte zu kursieren, dass diese sieben Städte (genannt »Cibole«) voller Gold, Silber und Diamanten seien.

... Nachdem ihr Schiff im Golf von Mexiko gescheitert war und sie acht Jahre lang die unbekannten Gebiete des heutigen Texas und Neumexiko durchwandert hatten, kamen drei Spanier und Esteban von Nordafrika endlich im Jahr 1536 in Mexiko Stadt an. Sie erzählten den Stadtregenten von den Geschichten, die sie gehört hatten, über »große Städte, in deren Straßen es überall Goldschmiede gibt, und hohe, mehrstöckige Häuser und steinerne Tore, gespickt mit Edelsteinen.«

... Den spanischen König interessierten diese Legenden sehr, und 1539 entsandte er eine Expedition, um ihnen auf den Grund zu gehen. Esteban war der Expeditionsführer, und der Mönch Marcos de Nica repräsentierte die Krone. Die erste Begegnung mit den Zuni-Indianern fand in der kleinen Stadt Havikuh statt und führte zur Tötung Estebans und seines Gefolges. Bruder Marcos kehrte nach Mexiko Stadt zurück und verkündete, dass in jenen Gebieten »goldene Städte existierten, deren kleinste größer sei als Mexiko Stadt«.

Nun war General Coronado hoch motiviert zurückgekehrt. Er winkte der Menschenmenge zu, die sich auf dem Hauptplatz versammelt hatte. Nach einer Audienz beim Vizekönig, dem Repräsentanten des Königs in Neuspanien, verließ ein langer Zug berittener, Banner schwenkender Männer sowie tausend schwarze Sklaven und Indianer, tausend Pferde und ganze

Herden von Schafen, Rindern und mit Vorräten beladenen Maultieren Mexiko Stadt. Coronado sah sich selbst als ruhmreichen Eroberer und hoffte, nach seiner Rückkehr und der Entdeckung der sieben goldenen Städte von Cibola so viel Ehre und Reichtum zu besitzen, um sogar die bewunderten Eroberer Cortés und Pizarro in den Schatten zu stellen.

»Alle neunzehn Pueblo-Stämme leben in einem Gebiet von 560 Kilometern«, erklärt mir Melvin. »Die Santa Ana, mein Stamm, leben dort auf der rechten Seite.« Er deutet durch das Beifahrerfenster. »Dahinter kommen die Zia, die Hemez, die Kochiti, die Santo Domingo ... Hinter uns«, er dreht sich um und zeigt durch das Heckfenster, »lebt der Stamm der Sandia. Und dort drüben«, er deutet hinter mich, »sind die Laguna, die Akoma und die Tohadjili ...«

»Was führt Sie nach Farmington? Was ist das für eine Konferenz?«, frage ich.

»Wir haben die Regierung der Vereinigten Staaten verklagt, weil sie uns nicht vor der Großfirma schützt, die auf unserem Gebiet Uran abbaut, ohne dafür zu bezahlen«, antwortet er.

»Sie sagten, Sie seien der Übersetzer Ihres Stammes. Ist so etwas heutzutage wirklich nötig?«

»Teilweise ist es ein Relikt aus der Vergangenheit. Aber unsere Tradition ist stark, und wir bemühen uns sehr, sie am Leben zu erhalten, obwohl wir nur noch ein paar Hundert sind. Im Übrigen sprechen wir in unseren diversen Pueblo-Stämmen alle verschiedene Sprachen. Also brauchen wir die Übersetzer auch, um untereinander zu kommunizieren. Und wie ist es mit Ihnen? Was führt Sie nach Neumexiko?«

»Ich erforsche die Anasazi«, antworte ich.

»Was wissen Sie über sie?«

»Nun ja, ich weiß, dass Sie, die Pueblo, sie als ihre Vorfahren betrachten«, sage ich mit einem fragenden Blick und bin gespannt auf seine Reaktion.

»Ja, die Anasazi sind unsere Vorfahren«, erwidert er, und seine Körpersprache verrät mir, dass er ernsthaft darüber nachdenkt.

Coronado folgte mit seiner Expedition dem Fluss San Pedro bis in die heutigen Vereinigten Staaten. Er eroberte Havikuh und besiegte die Zuni. Er zog nach Nordosten weiter, überfiel Indianersiedlungen (spanisch »pueblo«), verlor dabei Soldaten und Sklaven und hatte bald alle seine Vorräte aufgezehrt. Er zog durch Arizona, Neumexiko, Texas, Oklahoma und Kansas. Nirgendwo fand er die legendären Cibola Städte. Er beschloss, umzukehren. 1540, zwei Jahre nach seinem fabelhaften Aufbruch, kehrte er mit ein paar hundert Soldaten und leeren Händen nach Mexiko Stadt zurück. Die Expedition galt offiziell als gescheitert.

Am rechten Straßenrand steht eine Granittafel mit der Aufschrift »Coronado State Monument«. Ich unterbreche mein Gespräch mit Melvin und parke vor dem Museum. Er sagt, dass er auf einer schattigen Bank auf mich warten wird.

Dies war einst das Pueblo Kuaua, eine Siedlung mit 1.200 Räumen. Im September 1540 war der größte Teil von Coronados Armee zwar mit einer Schlacht gegen die Zuni und

Akoma beschäftigt, aber trotzdem kam ein Spähtrupp in dieses Tal. Sie verhielten sich den Eingeborenen gegenüber brutal, und es kam zu Scharmützeln. Laut einiger Aufzeichnungen verbrachte Coronado den ganzen Winter hier, aber es gibt dafür keine archäologischen Beweise.

Foto 1: Eingang zur uralten Indianersiedlung Kuaua im Nationalpark Coronado State Monument, Neumexiko.

Vom Museum aus führt die Straße zu den dürftigen Ruinen des Pueblos sowie den Nachbildungen eines Raumes und einer »Kiva«, dem spirituellen Zentrum der Siedlung. Dieses Pueblo wurde im 15. Jahrhundert gebaut, also nur 300 Jahre nach der Vorherrschaft der Anasazi, und war nicht mehr als ein müder Abklatsch seiner höher entwickelten Vorgänger. Im Vergleich mit den Gebäuden der Anasazi sind die Wände dünn und die Architektur minderwertig.

Neben einem schmalen Pfad warnt ein Schild: »Stören Sie die Schlangen nicht!«

Symbolisch gesehen ist dieser Ort ein Kreuzungspunkt existierender und nicht existierender Welten. Coronado überwinterte wahrscheinlich hier, aber nichts weist mehr darauf hin. Er suchte irreale goldene Städte und wurde dabei von einer sehr realen Militärmacht unterstützt. Die Pueblo-Indianer behaupteten damals wie heute, sie seien die Nachfahren der Anasazi, aber sie sind von ihnen durch eine so gewaltige Kluft getrennt, dass die Behauptung unwahrscheinlich erscheint. Die »staatliche Gedenkstätte« in Coronado feiert in Wirklichkeit die Ankunft der ersten Europäer auf dem heiligen Boden der friedliebenden Indianer, wie die Schilder im Museum immer und immer wieder ergriffen verkünden. Da hat man wohl das Pferd von hinten aufgezäumt. Was ist die Wahrheit, was geschah hier tatsächlich?

Anscheinend ist es kein Zufall, dass mich ein Pueblo-Indianer begleitet. Er muss mir Antworten geben.

Foto 2: Das Kuaua Pueblo bestand einst aus über 1.200 Räumen auf vier Stockwerken. Heute ist es größtenteils verfallen.

2
Fajada Butte

Chaco Canyon, Neumexiko

Melvin und ich setzen unsere Fahrt durch Neumexiko fort. »Dies ist das Land der Djikarila Apachi Indianer«, sagt er und deutet nach rechts. »Ihr Gebiet reicht im Norden bis nach Colorado.«

Bald kommen wir an die Abzweigung zum Chaco-Nationalpark. Vierzig Kilometer über eine ungepflasterte, staubige Straße. Unterwegs weisen immer wieder Schilder darauf hin, dass diese Piste bei Regen unbenutzbar ist. Dann ist der Canyon vom Rest der Welt abgeschnitten. Heute gibt es hier im Umkreis von 100 Kilometern keine einzige Siedlung.

Irgendwann frage ich meinen Reisebegleiter geradeheraus: »Melvin, ist es bei Ihrem Stamm immer noch Sitte, mit den Geistern der Ahnen zu kommunizieren?«

»Jedes Pueblo hat eigene *Seher*. Sie können in andere Dimensionen blicken und mit den Geistern der Ahnen Kontakt aufnehmen.«

»Haben auch Sie die Fähigkeit, so zu *sehen*?«, bohre ich weiter.

Melvin macht eine Pause und überlegt, wie viel er mir anvertrauen soll.

»Ja, ich gehöre zu den *nuevos videntes*, der neuen Sehergeneration.«

Ich will wissen, warum es »neue Sehergeneration« heißt. Inwiefern unterscheiden sie sich von den Sehern früherer Generationen? Und wie hat sich dieses Phänomen überhaupt entwickelt?

»Lange vor der Ankunft der Spanier«, erklärt er, »gab es unter den Anasazi besonders begabte Seher. Sie konnten unglaubliche, fantastische Dinge bewirken. Und sie waren das letzte Glied in einer langen Kette uralter Traditionen, die Jahrtausende zurückreichte, bis zu den Maya und den Tolteken von Mexiko.«

Fast habe ich das Gefühl, wieder vertrauten Boden zu betreten.

»Was waren Ihrer Meinung nach die ersten Schritte der Anasazi auf dem *Pfad des Wissens*?«, frage ich.

»Sehen Sie, das ist hochinteressant. Irgendwann begannen die Anasazi, sei es aus Neugier oder vor Hunger, ein bestimmtes Gras zu essen, das ihnen große Energie gab. Doch es hatte auch noch andere seltsame Auswirkungen, und sie begannen, diesen Effekt zu erforschen«, sagt Melvin, und ich spüre, dass er auf meine Reaktion gespannt ist.

»Also sind die ersten Anasazi-Seher aus reinem Zufall darüber gestolpert«, stelle ich fest. »Und wie hat sich dieses Gras ausgewirkt?« Bei dieser Frage verlangsame ich die Fahrt, denn wir nähern uns bereits unserem Tagesziel und ich möchte das Gespräch fortsetzen.

»Das Wichtigste war wohl, dass sie die Existenz zweier Welten entdeckten, zweier Wahrnehmungsebenen. Einerseits unsere alltägliche, materielle Welt der Sinne, die von der rechten Gehirnhälfte kontrolliert wird, und andererseits ein *höheres Bewusstsein*, das über die fünf Sinne hinausgeht und die linke Gehirnhälfte betrifft. Später entwickelten sie Techniken, die es ihnen erleichterten, den höheren Bewusstseinszustand zu erreichen. Dazu benutzten sie dieses Gras als Stimulans, aber es genügte, nur den Rauch zu inhalieren und dann zu meditieren. So erreichten sie einen Ort, an dem sie *sehen* konnten.«

»Und was sahen sie dort?«, frage ich, um das Thema zu vertiefen.

»*Sehen* bedeutet, Zugang zu Wissen zu erhalten. Wissen um die Vergangenheit und die Zukunft.«

»Haben Sie selbst Zugang zu den Einzelheiten der Vergangenheit?«, will ich grinsend wissen. Es ist wirklich, als hätte ein gütiges Schicksal mir Melvin über den Weg geschickt. Ich habe eine Menge Fragen an ihn.

»Wie ich schon sagte, ich bin ein Seher. Wenn ich mich darauf konzentriere, die Vergangenheit zu sehen, dann weiß ich alles, was damals geschehen ist.«

Plötzlich kommen wir auf eine gepflasterte Straße. Wir haben die Grenzen des Nationalparks erreicht. Chaco Canyon ist ein offiziell anerkanntes, geschütztes Weltkulturerbe. Als wir um die erste Kurve biegen, überwältigt mich der Anblick und trifft mich ins Herz. Wir sind am Fajada Butte angekommen, einem eindrucksvollen Felsen, der sich 135 Meter über die flache, trockene Landschaft mit ihrem niedrigen Bewuchs erhebt.

Wir befinden uns 183 Meter über dem Meeresspiegel, im Herzen des Anasazi-Komplexes.

Ich parke und steige aus, um Fotos zu machen. Ich frage Melvin, ob ich ihn fotografieren darf. Er sagt, dass sich die Santa Ana Indianer nicht gern fotografieren lassen. Ich versuche nicht, ihn zu überreden. Hinter dem Fajada Butte jagen Wolken über den Himmel – ein leuchtender Hintergrund für meine Fotos.

Fajada ist spanisch und bedeutet »Gürtel«. An gewissen Orten treffen Gesteinsschichten von unterschiedlicher Härte aufeinander, wodurch eine ungleichmäßige Erosion entsteht. Von Weitem sieht das Ganze dann aus wie ein Gürtel, der einen schwarzen Schatten wirft.

Vor etwa sechzig Millionen Jahren lag dieses Gebiet auf dem Meeresgrund, weshalb man auf den Gipfeln dieser Hügel Fossilien von Muscheln, Krebsen, den Zähnen prähistorischer Haie und Meeressand gefunden hat. In weiteren sechzig Millionen Jahren werden auch diese Naturdenkmäler aufgrund der Erosion völlig verschwunden sein. (Leider gibt es dann auch keine dramatischen Kulissen für Cowboyfilme mehr!)

Intensive Forschungen der letzten Jahre haben ergeben, dass die Anasazi, die hier lebten, großes astronomisches Wissen besaßen. Man hat dreizehn Petroglyphen entdeckt – in den Stein der Klippen gehauene geometrische Symbole.

Jede Petroglyphe bedient sich des Wechselspiels von Licht und Schatten, das entsteht, wenn sich Sonne und Mond in den Schlüsselpositionen ihrer Zyklen befinden – beispielsweise an den Äquinoktien oder Tagundnachtgleichen im Frühling und Herbst und an den Sonnwenden im Winter und Sommer. Die Präzision, mit der diese Petroglyphen eingemeißelt wurden, ist phänomenal: Nur an einem einzigen Tag im Jahr stimmen die Strahlen von Sonne oder Mond exakt mit den richtigen Punkten auf den Glyphen überein.

Foto 3: Fajada Butte, ein eindrucksvolles Naturdenkmal im Chaco Canyon in Neumexiko, in dessen Klippen sich eine Anasazi-Siedlung befand.

Auf diesem heiligen Hügel der Anasazi hat man Überreste verschiedener Gegenstände und Keramiken gefunden. Die Motive auf den Keramiken deuten auf die Zeit zwischen dem 10. und 12. Jahrhundert hin, als dieser Canyon der Mittelpunkt der Anasazi-Welt war. Im Südwesten wurde eine 230 Meter lange Rampe entdeckt, die über 100 Höhenmeter überwindet. Dieses sehr komplexe Bauwerk ist ohne die Hilfe von Metallwerkzeugen entstanden.

Außerdem fand man die Überreste einer Kiva – eines heiligen, kreisrunden Raums, in dem die Seher der Anasazi ihre Visionen hatten.

»Es muss sehr schwierig gewesen sein, die Kiva in die Klippen von Fajada zu hauen«, stelle ich im Gespräch mit Melvin fest.

»Die Anasazi hatten überall, wo sie lebten, eine Kiva. Dort trafen sich die Seher jeden Tag, um Informationen über die beiden Welten auszutauschen«, antwortet er.

»Ich habe gehört, der *Sipapu*, das Loch im Boden der Kiva, sei ein Symbol für die vorangegangene Welt«, sage ich, mehr als Frage denn als Feststellung.

»Der Sipapu ist mehr als das. Unsere Uralten kamen aus dem Bauch der Erde in diese Welt ...« (Aus seinen Worten schließe ich, dass die Überlebenden der vorangegangenen Apokalypse in unterirdischen Höhlen wohnten.)

»... Die ersten drei Welten wurden von Feuer, Eis und Wasser zerstört ...« (Ich wusste, dass nun von den drei Katastrophen die Rede war, die die vorherigen Zivilisationen zerstört hatten: Vulkanausbrüche, die Eiszeit und das Hochwasser, das nach dem Untergang von Atlantis auftrat.)

»... Als das Flutwasser wieder zurückging, verlangten die Götter von unseren Vorfahren, auf die Erdoberfläche zurückzukehren und die Vierte Welt zu beginnen. Jede Kiva hat ein Sipapu, um uns daran zu erinnern, woher wir kamen. Außerdem kommen die Geister unserer Ahnen, wenn sie an unseren Treffen teilnehmen, immer durch diese Öffnung. Sie ist ein Tor, ein Durchgang zwischen dem Inneren der Mutter Erde und uns auf der Erdoberfläche, und auch zwischen der Vergangenheit und der Gegenwart.«

»Sind die Seher an irgendwelche Grenzen gestoßen?«, frage ich.

»In jenen Tagen nahm die Zahl der Seher plötzlich dramatisch zu. Die neuen Generationen studierten und lernten nur noch, um zu sehen. Und das war der Anfang vom Ende. Nach einiger Zeit gab es ungemein viele Seher, und alle waren ganz besessen von dem, was sie gesehen hatten. Sie wurden immer geschickter und konnten fremde Welten besuchen, die sie mit Angst und Ehrfurcht erfüllten. Aber je besessener sie vom Sehen waren, desto mehr verloren sie ihre Weisheit, und bald waren sie keine *Wissenden* mehr.«

»Sind alle Seher dieser Besessenheit erlegen?«, wollte ich wissen.

»Nein. Einige entgingen diesem Schicksal. Das waren große Weise, echte *Wissende*. Ihnen gelang es, das Sehen auf positive Weise einzusetzen und einen positiven Einfluss auf die übrigen Mitglieder ihrer Gemeinschaft auszuüben. Ich bin sicher, dass unter ihrer Führung ganze Stadtbevölkerungen in andere Welten gezogen und niemals zurückgekehrt sind.«

Dieser Satz trifft mich wie ein Blitz aus heiterem Himmel. Er bestätigt meine Vermutungen über das Schicksal der Maya. Und nun, gleich zu Beginn meiner Begegnung mit der Welt der Anasazi, erhalte ich auch auf das Rätsel ihres Verschwindens eine Antwort.

Die berühmtesten Petroglyphen von Fajada sind zwei in den Stein gemeißelte Spiralen. Die größere besteht aus 19 Spirallinien, die kleinere befindet sich zu ihrer Linken und besteht aus neuneinhalb Linien, von denen die äußerste in eine Gerade ausläuft.

Genau am Mittag des ersten Sommertages fallen die Sonnenstrahlen zwischen den Felsen hindurch direkt ins Zentrum der größeren Spirale und bilden dort eine leuchtende Klinge.

Am ersten Wintertag fallen zwei »Lichtklingen« geradewegs auf die äußeren Ränder der größeren Spirale.

Und am ersten Tag des Frühlings und des Herbstes durchschneidet ein »Lichtmesser« die Mitte der kleineren Spirale. Wunderschön.

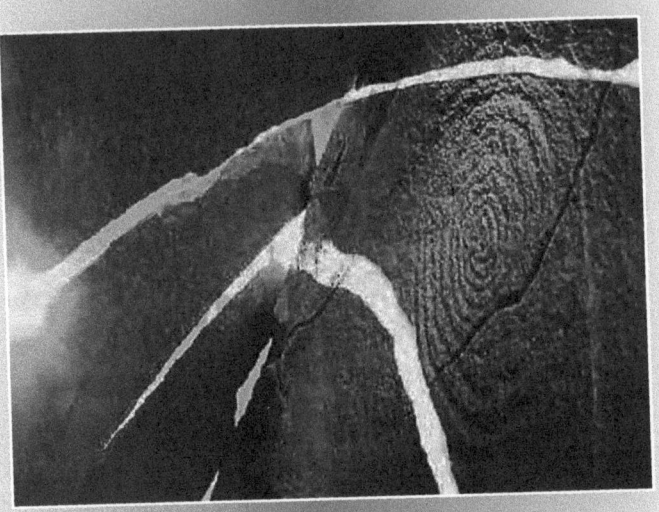

Foto 4: Zwei Sonnenstrahlen berühren die Ränder der Spirale und markieren so den ersten Tag des Winters. Petroglyphe in Fajada Butte, Chaco Canyon, Neumexiko.

Die Bewegungen der Sonne folgen einem zyklischen Muster: Im Frühling und Herbst steigt die Sonne höher über unseren Horizont, im Sommer und Winter ist die Kurve flacher. An den Tagen vor den Äquinoktien (21. September und 23. März) bewegt sich die Sonne jeden Tag um ein halbes Grad weiter. Aber an den Tagen um die Sommer- und Wintersonnenwende (22. Juni und 22. Dezember) verringert sich diese scheinbare

Geschwindigkeit so sehr, dass die Sonne ihre Position von einem Tag zum anderen fast nicht zu verändern scheint. Dieses Phänomen bezeichnet man auch mit dem lateinischen Wort *Solstitium*: Die Sonne steht still.

Die Anasazi wussten um dieses Phänomen. In den Legenden der Hopi und der Pueblo-Stämme wird sogar die bedrohliche Möglichkeit eines völligen Sonnenstillstandes um die Zeit der Sonnwenden erwähnt. Dann würde die Erde entweder in ewige Kälte versinken, oder die Hitze des Sommers würde niemals enden. Deshalb gibt es spezielle Tänze, durch die die Sonne um Gnade angefleht wird, damit sie in ihrem Lauf nicht innehält.

Foto 5: Genau am Tag der Sommersonnwende fallen die Sonnenstrahlen wie eine leuchtende Klinge auf das Zentrum der in Stein gemeißelten Spirale von Fajada Butte im Chaco Canyon, Neumexiko.

Auch der Mond hat seine zyklischen Rhythmen. Befindet er sich in seiner nördlichsten Umlaufbahn, ähnelt der optische Effekt dem der Sommersonnwenden. Aufgrund der Anziehungskraft der Sonne wiederholt sich der Zyklus der Mondumlaufbahn alle 19 Jahre, im sogenannten Metonzyklus. Außer der extremsten »Ruhephase«, die alle 19 Jahre auftritt, existiert alle neuneinhalb Jahre noch eine zweite, »mittlere Ruhephase«.

Die Anasazi widmeten diesen Ruhephasen des Mondes besondere Aufmerksamkeit.

Die eben erwähnte Petroglyphe der Spirale in Fajada Butte markiert die Hauptruhephase des Mondes, denn nur dann wird die gesamte Petroglyphe von den Mondstrahlen erhellt und der Schatten beginnt genau am linken Rand der Spirale. Mit anderen Worten: Die Anasazi kannten den Metonzyklus und wussten, an welchen Tagen sich der Mond alle neunzehn Jahre in derselben Position am Himmel befindet.

Während der zweiten, mittleren Ruhephase bedeckt das Mondlicht exakt die Hälfte der Spirale, sodass die Grenze zwischen Licht und Schatten präzise durch das Zentrum verläuft und die Hälfte der Spirale im Dunkeln bleibt. Zum Zeitpunkt der Berührung entspricht der Winkel des Mondschattens haargenau dem Winkel der in Stein gemeißelten Spirallinie, die ihn empfängt.

Wenn wir uns außerdem klarmachen, dass der zeitliche Abstand zwischen den Hauptruhephasen (19 Jahre) der Anzahl der Linien der größeren Spirale entspricht (19 Linien) und dass der zeitliche Abstand zwischen den mittleren Ruhephasen (9 ½) der Anzahl der Linien der größeren Spirale entspricht (9 ½), dann erkennen wir deutlich, welch unglaubliches astronomisches Wissen hinter den Petroglyphen von Fajada Butte steckt.

Dieses Spiel von Licht und Schatten entsteht, weil vor den Petroglyphen drei Steinblöcke stehen, von denen jeder zwei Meter hoch ist und mehrere Tonnen wiegt. Es wird noch immer darüber debattiert, ob sie aufgrund natürlicher Erosion entstanden sind oder ob die Anasazi sie absichtlich so aufgestellt haben.

Für mich jedoch beweist die unglaubliche Präzision, mit der das Licht auf die Spiralen fällt, dass die Anasazi die Steinblöcke vorsätzlich so aufstellten, um durch den Lichteinfall die gewünschten astronomischen Effekte zu erzielen.

Auf mehreren anderen Klippen gibt es noch weitere Petroglyphen. Auch hier markieren die geometrischen Formen einer Doppelspirale sowie einer Schlange in gleicher Weise die extremsten Himmelspositionen der Sonne. Besonders interessant ist der Schatteneinfall zur Herbsttagundnachtgleiche, denn dann berührt die Grenzlinie des Schattens gleichzeitig den Kopf, den Körper und den Schwanz der zusammengerollten Schlange.

Das Motiv der Schlange wird von den Anasazi ähnlich benutzt wie von den Maya – als Symbol für Wissen und für ein höheres Himmelswesen.

Die Anasazi haben keine schriftlichen Aufzeichnungen hinterlassen. Dennoch genügen schon diese wenigen Felsensymbole als Argument gegen die Behauptung der Historiker, die Anasazi hätten die himmlischen Ereignisse nur verfolgt, um »die richtige Zeit zum Anpflanzen der Feldfrüchte« festzustellen.

Die Perfektion der Petroglyphen übersteigt die Zweckgebundenheit des normalen Jahreskalenders einer landwirtschaftlich orientierten Gesellschaft bei Weitem.

In Wahrheit haben die Anasazi uns eine geometrische Botschaft ihrer astronomischen Konzepte hinterlassen.

3
Hungo Pavi

Chaco Canyon, Neumexiko

Ich fahre in den Chaco Canyon hinein. Eine Stimmung voll wilder Schönheit – oder, falls Ihnen das lieber ist, voll schöner Wildheit. Eine halbtrockene Wüstenlandschaft mit harten Wintern, kurzen Regenzeiten und brütender Hitze während der Sommermonate. Keine dieser Charakteristiken beschreibt die Atmosphäre dieses Ortes, der einst das lebendige Zentrum der Anasazi war – die Mitte ihrer spirituellen und architektonischen Welt, ihr Kommunikationszentrum und Handelumschlagplatz.

Vor 130 Jahren kam Richard Wetherhill zum ersten Mal hierher. »Hier sind riesige Ruinen. Es gibt elf große Pueblos beziehungsweise Siedlungen, jeweils mit zwischen hundert und fünfhundert Räumen, dazu eine Unmenge kleinerer Siedlungen ... Ich weiß nicht, wie viele es insgesamt sind, aber bestimmt über hundert.«

Ich freue mich auf meine zwanzig Kilometer lange Tour durch den Canyon.

»Melvin, wer ist als Erster wieder auf diese verlassenen Anasazi-Städte gestoßen?«, frage ich, um die Zeit bis zu unserer Ankunft am ersten Pueblo des Canyons zu nutzen.

»Die Eroberer«, antwortet mein Reisekamerad, der Pueblo-Indianer.

»Wer waren diese Eroberer?«, hake ich nach.

»Andere Indianer. Sie kamen in dieses ganze Gebiet und zogen auch noch weiter nach Süden, bis nach Mexiko.« Er deutet in Richtung Südwesten.

»Wie war es möglich, dass sie ein Volk eroberten, das spirituell weiter entwickelt war als sie?«, überlege ich laut.

»Ich habe Ihnen ja schon erzählt, dass gewisse Städte unter der Führung ihrer großen Seher diese Dimension bereits lange davor verlassen hatten. Sowohl hier als auch in Mexiko, unter den Maya. Diejenigen, die hier geblieben waren, wurden von Sehern angeführt, die von ihrem Sehen besessen waren und keine Antworten auf die praktischen Fragen ihrer Gemeinschaften wussten. Sie waren eine Katastrophe.«

»Sind die indianischen Eroberer den spirituellen Traditionen der vorherigen Bevölkerung weiterhin gefolgt?«, erkundige ich mich gespannt.

»Nun ja, diese Eroberer konnten die materielle Welt kontrollieren. Aber sie hatten nie Sehen gelernt.«

»Wie meinen Sie das, sie hatten nie Sehen gelernt? Es muss doch auch unter den heutigen Indianern irgendwo jemanden geben, der zwischen den beiden Dimensionen hin- und herwechseln kann?«, frage ich weiter.

Mein neuer Freund lächelt. Er seufzt tief und fährt fort.

»Damit haben Sie nicht Unrecht. Neue spirituelle Führer haben zwar die Techniken der Anasazi, der Tolteken, der Maya erlernt ... aber sie haben kein inneres Wissen erlangt. Deshalb bezeichne ich sie nicht als Seher, sondern als Medizinmänner. Sie haben nicht wirklich verstanden, was sie auf ihren spirituellen Reisen erlebten, und konnten es sich nicht erklären, weil sie keine Seher waren.«

»Wie hat die Ankunft der Spanier ihre Arbeit beeinflusst?«, frage ich.

»Als die Spanier kamen, waren die alten Seher bereits seit Jahrhunderten verschwunden. Die neue Generation der Medizinmänner wollte ihre gesellschaftliche Stellung schützen. Die spirituell unterentwickelten und barbarischen Spanier halfen diesen neuen Anführern der Indianer sogar dabei, ihre Machtpositionen zu festigen ...«

Dies erscheint mir ein wenig unlogisch, aber wir sind bereits an dem Punkt angekommen, an dem die Straße breiter wird ...

... Hungo Pavi, *the Great House of Chaco* (das große Haus von Chaco), wie es auf dem Straßenschild neben der Pueblosiedlung heißt, ist der Eingang zum Canyon. Wir wissen nicht, welchen Namen die ursprünglichen Erbauer diesem Pueblo gaben. Eine mögliche Übersetzung aus dem Indianischen ist: »Der grasige Frühlingsort«.

»Bewohnt zwischen 1000 und 1250 n. Chr. – ein heiliger Ort, bitte erweisen Sie ihm Ihren Respekt«, lautet die Anweisung auf einem Schild.

Wir können mit an Sicherheit grenzender Wahrscheinlichkeit annehmen, dass Hungo Pavi zwischen 943 und 1047 erbaut wurde. Im Fundament der Wände hat man die Überreste von Holzbalken gefunden, deren sorgfältige Analyse uns vielerlei Informationen über die Zeit ihrer Herstellung gab.

Foto 6: Einfahrt nach Hungo Pavi, einem Anasazi-Pueblo im Chaco Canyon, Neumexiko, das zwischen 1000 und 1250 bewohnt war.

Die moderne Archäologie verfügt über verschiedene Methoden, um das Alter eines Fundstücks festzustellen. Die geologische Methode konzentriert sich auf die Erdschichten. Die kulturvergleichende Methode beruht darauf, die jeweiligen Keramiken, Baustile und Kunstgegenstände mit denen anderer, benachbarter Völker zu vergleichen. Im 20. Jahrhundert kamen noch zwei weitere Methoden hinzu – die C14-Kohlenstoffmethode, die die vergangene Zeitspanne anhand der Halbwertzeit des radioaktiven Kohlenstoffs misst, und die Jahresringchronologie, die das Alter der verwendeten Hölzer anhand der Jahresringe der Bäume feststellt.

Von gewissen Ausnahmen abgesehen, kann man mit der C14-Kohlenstoffmethode das Alter organischer Materialien bis zu 55.000 Jahre zurückverfolgen. Bei der Jahresringchronologie lässt sich durch das Vergleichen der in den Bäumen eingebetteten Kodierungen ihr Alter mit einer Präzision von +/– 5 % feststellen, solange es 10.000 Jahre nicht übersteigt.

1929 analysierte Andrew Douglas, ein Astronom aus Arizona, sowohl die Balken des Pueblo Bonito im Chaco Canyon als auch die einer etwas nördlich davon gelegenen Aztekensiedlung und konnte aufgrund dieses Vergleichs das Ursprungsdatum der ältesten Exemplare feststellen: 800 Jahre vor Kolumbus' Ankunft in Amerika. Douglas gründete an der Universität von Arizona ein Labor, das sich der neuen Technik der Jahresringchronologie widmete und heute die größte Jahresringsammlung von Mammutbäumen, Eichen, Kiefern und anderen Bäumen besitzt. Seine Beiträge zur Archäologie und Geschichtsschreibung sind unschätzbar.

Dank dieser Forschungen konnte man exakt datieren, in welchen Jahren die Bäume beim Bau der Siedlung im Chaco Canyon verwendet wurden. Außerdem kennen wir das jeweilige Jahr, in dem die Stämme geschlagen und zum Trocknen gelagert wurden.

Während meines Besuchs im Pueblo Hungo Pavi habe ich zum ersten Mal Gelegenheit, das Holz zu berühren, das von den Anasazi bearbeitet wurde.

Die Siedlung ist nach Osten ausgerichtet und blickt direkt auf den heiligen Hügel Fajada Butte. Bis auf einige wenige Wände, die der Zeit getrotzt haben, und die Fundamente, die die Raumeinteilung markieren, ist auf der Erdoberfläche nichts mehr von diesem Pueblo zu sehen. Mit Hilfe sorgfältiger Untersuchungen (und einer Portion Fantasie) kann man jedoch daraus schließen, dass die Grundfläche des Komplexes in 73 Räume aufgeteilt war. Im mittleren Teil sind deutlich die Überreste zweier Kivas zu sehen.

Hungo Pavi liegt dicht an der Klippe des Canyons. Hinter der Siedlung kann man, wenn man sich ein bisschen anstrengt, noch die Überreste der alten Treppe erkennen, die hier in die Klippe gehauen wurde – in der Welt der Anasazi ein wichtiger Bestandteil des Straßennetzes.

Die Ruinen der zweistöckigen Westmauer und die Dicke der tragenden Wände von über einem Meter (!) lassen vermuten, dass es darüber höchst wahrscheinlich noch zwei weitere Stockwerke gab. Das ergäbe insgesamt etwa 200 Räume.

Foto 7: Die tragenden Steinwände sind über einen Meter dick. Hungo Pavi, Chaco Canyon, Neumexiko.

Bis hierher hat sich die ganze Geschichte relativ logisch entfaltet. Vor uns liegt ein kleines Pueblo, beziehungsweise ein Apartmentkomplex von 200 Räumen, der Platz für etwa hundert kleine Familien bot sowie für die zeremoniellen Kivas, die von allen benutzt wurden.

Aber nirgendwo in den Ruinen dieser Räume findet sich der geringste Hinweis auf eine Feuerstelle, einen Kamin oder sonst einen Platz, an dem Feuer gemacht werden konnte. Es erscheint unlogisch, dass es hier während der sechs kalten Wintermonate keine Heizmöglichkeit gegeben haben soll.

Überdies hätte ein Pueblo dieser Größe mindestens fünfzehn kleine Kivas haben müssen, denn üblicherweise besaß jeder Klan seine eigene Kiva, und außerdem gab es immer mehrere größere Kivas, die von allen gemeinsam benutzt wurden.

Daraus kann man nur schließen, dass Hungo Pavi lediglich als gelegentliche Behausung während der Sommermonate diente und von einer begrenzten Anzahl Anasazi benutzt wurde.

Foto 8: Eine drei Stockwerke hohe Mauer umgab das Pueblo von etwa 200 Räumen. Hungo Pavi, Chaco Canyon, Neumexiko.

Warum hat man dann aber die gewaltige Mühe auf sich genommen, derart solide, dicke Steinwände zu bauen? Obendrein waren manche Wände verputzt und mit dekorativen Zeichnungen verziert. Der Arbeitsaufwand dieses Bauprojekts stand in keinem Verhältnis zu seiner Nutzung.

Ein weiteres Rätsel.

Während ich die Siedlung erkunde, wartet Melvin im Auto auf mich – mit laufendem Motor und voll aufgedrehter Klimaanlage. Der »Eistee«, den ich mir vom Rücksitz nehme, hat leider mit Eis schon längst nichts mehr zu tun. Melvin hat einen spanischsprachigen Radiosender eingestellt.

»Haben Sie etwas Interessantes gefunden?« Diesmal ist er derjenige, der das Gespräch beginnt.

»Ein paar Antworten und ein paar neue Fragen«, entgegne ich. Ich versuche mich zu erinnern, an welchem Punkt wir unsere Diskussion abgebrochen haben.

»Erklären Sie mir genauer, warum die Spanier den Sehern nützlich waren«, bitte ich ihn.

»Ihre Anwesenheit half den spirituellen Anführern der Indianer dabei, ihr Wissen zu vervollständigen. So seltsam es klingt, aber der äußerste Terror, dem sie damals durch die Spanier und später durch die Weißen ausgesetzt wurden, gab ihnen den Anstoß, neue spirituelle Prozesse und Prinzipien zu entwickeln«, sagt Melvin.

»Wie viele Seher gab es in den Jahren der spanischen und angloamerikanischen Eroberungen?«

»Anfangs sehr viele. Aber später ging ihre Zahl dramatisch zurück. Die meisten wurden umgebracht.«

»Und heute?«, frage ich.

»Nur noch ein paar. Und sie leben sehr weit verstreut.«

»Haben Sie Kontakt zu ihnen?«

»Zu einigen schon. Wissen Sie, in den letzten paar Jahrhunderten haben sich die verbliebenen Seher bewusst isoliert. Dadurch sind dann isolierte Gemeinschaften entstanden. Sie wissen ja zum Beispiel, dass es neunzehn Pueblo-Stämme gibt. Wenn wir in die fernere Vergangenheit blicken, stellen wir fest, dass neunzehn Seher vor langer Zeit anfingen, die einzelnen Gemeinschaften räumlich voneinander zu trennen und in verschiedene Gebiete zu ziehen. Die heutigen Stämme unterscheiden sich durch ihre Sprachen und gewisse Sitten ziemlich voneinander, aber trotzdem haben wir alle dieselben Wurzeln.«

Wir fahren weiter. Nur wenige Kilometer trennen uns noch von einem lange erwarteten archäologischen Leckerbissen.

4
Pueblo Bonito

Chaco Canyon, Neumexiko

Eine amerikanische Militärexpedition brach in das Gebiet der Navaho auf und erreichte 1849 den Chaco Canyon. Leutnant James Simpson und sein mexikanischer Führer Carravahal nannten diese eindrucksvollste unter den dreizehn lokalen Ruinenstädten *Pueblo Bonito* – »schöne Stadt«.

Der ursprüngliche Anasazi-Name ist uns leider nicht bekannt. Doch die Hopi, Pueblo und Navaho hatten dem Ort Jahrhunderte später ihre eigenen Namen gegeben.

Pueblo Bonito wurde nach seiner Wiederentdeckung in der Mitte des 19. Jahrhunderts während der kommenden 70 Jahre immer wieder ausgeplündert und vandalisiert. Von den vier Stockwerke hohen Mauern, den 800 Apartments sowie den etwa vierzig »normalen« und drei größeren Kivas ist kaum noch etwas übrig geblieben.

Als sei all das nicht genug, löste sich 1941 auch noch ein gewaltiger Felsbrocken über Pueblo Bonito aus der überhängenden Klippe. Dieser »Threatening Rock« (drohende Stein) wog 30.000 Tonnen und stürzte mit einem dumpfen Krachen auf die Ruinen der Stadt hinunter. Von dem fünfzig Meter breiten, dreißig Meter hohen und fünfzehn Meter tiefen Felsen ist nur noch ein Geröllhaufen aus größeren Brocken und unzähligen kleineren Steinen übrig. Dadurch wurden dreißig weitere Räume in Pueblo Bonito für immer zerstört.

Foto 9: Pueblo Bonito im Chaco Canyon, Neumexiko, war das Herz der Anasazi-Welt und erlebte seine Blütezeit um 1100.

Als ich mich auf meine Reise vorbereitete, hatte ich Fotografien aufgespürt, die entstanden waren, als der »drohende Stein« noch ein Teil der Klippe war. Zweifellos war den Anasazi schon vor Baubeginn die Gefahr bewusst gewesen, die dieser Felsen darstellte. Deshalb errichteten sie am Fuß der Klippe steinerne Terrassen, die die Erosion verlangsamten und die Gefahr des Absturzes verringerten. Die davon höchst beeindruckten Navaho nannten Pueblo Bonito *Tse biyahnii a ah* – »der von unten gestützte Fels«.

Der Bau dieses Pueblos begann im Jahr 850. Drei Mal wurde die Siedlung noch erweitert, bevor die Bauarbeiten 1150 endgültig eingestellt wurden. Aufgrund deutlicher Hinweise wissen wir, dass das Pueblo anschließend noch weitere fünfzig Jahre lang bewohnt war – und dann wurde es, völlig rätselhaft und ohne den geringsten Hinweis auf den Grund, ganz friedlich für immer verlassen.

Frühere Archäologen und Geschichtsforscher waren sehr beeindruckt von den architektonischen Meisterleistungen der Anasazi und nahmen an, Pueblo Bonito habe ursprünglich mehrere tausend Einwohner beherbergt. Auf diese Schätzung kamen sie, indem sie die Anzahl der Räume (800) mit der durchschnittlichen Kopfzahl einer Familie multiplizierten (4 bis 5). Auf ähnliche Weise errechneten sie auch die mutmaßliche Bevölkerungsanzahl des gesamten Chaco Canyon. Dreizehn kleinere Pueblos mit jeweils mehreren tausend Bewohnern ergäben insgesamt etwa fünfundzwanzigtausend Menschen. Es erschien schlüssig, dass hier das Zentrum des Anasazi-Volkes gewesen war, von dem man annahm, es habe etwas über hunderttausend Menschen umfasst, die in einem Radius von etwa tausend Kilometern lebten.

Wenn man jedoch praktisch und logisch denkt, erweisen sich diese Kalkulationen als falsch. In Pueblo Bonito gab es nämlich nur knapp über fünfzig Räume mit einer Feuerstelle. Dadurch sinkt die geschätzte Bevölkerungszahl von drei- bis viertausend auf wenige hundert. Und in der Hälfte aller benachbarten Pueblos gab es überhaupt keine Feuerstellen in den Räumen, was bedeutet, dass dies lediglich temporäre Unterkünfte waren – Sommerhäuser.

Dies wirft natürlich die Frage auf, warum die Anasazi die gewaltige Mühe auf sich nahmen, derart eindrucksvolle, vier Stockwerke hohe, steinerne Bauwerke zu errichten, die obendrein noch die runden Kivas einschlossen, und dazu ein Netzwerk gepflasterter Straßen von Hunderten Kilometern

Länge, die etwa 150 »große Häuser« (Pueblos) der Anasazi miteinander verbanden.

Foto 10: Die Überreste des »Threatening Rock« (drohender Stein), der 1941 mit seinem Gewicht von 30.000 Tonnen auf Pueblo Bonito stürzte. Chaco Canyon, Neumexiko.

Und all dies in einem harschen Klima, auf unfruchtbarer Erde und mit sehr begrenztem Wasservorkommen. Eigentlich sollte man meinen, sie hätten den größten Teil ihrer Zeit auf Nahrungssuche verbracht.

Nach mehreren Aufnahmen des »drohenden Steins« ist mein Film voll. Ich kehre zum Auto zurück, wo ich Melvin wie üblich vorfinde – bei voll aufgedrehter Klimaanlage, einem lauten mexikanischen Radiosender und mit einem Gesichtsausdruck, als sei er in irgendeine Art von Trance gefallen. Vom Eistee ist kein Tropfen mehr übrig.

»Melvin, möchten Sie mich vielleicht bei meinem Besuch der Ruinen von Pueblo Bonito begleiten?«, frage ich.

»Gehen Sie nur. Ich behalte Sie im Auge und bin bei Ihnen.«

»Ich habe schon lange auf die Gelegenheit gewartet, nahe an eine große Kiva heranzukommen. Ich möchte versuchen, nachzuempfinden, was die Anasazi spürten, die sich hier versammelten«, erzähle ich ihm.

»Ich weiß, Sie werden die gewaltigen Entdeckungen der Anasazi-Seher spüren«, entgegnet er rätselhaft.

Diese Andeutung Melvins reizt mich einfach zu sehr: Ich muss wohl noch ein paar Minuten im Auto bleiben.

»Was für gewaltige Entdeckungen?«, will ich wissen.

»Nun ja, die Anasazi-Seher gingen große Risiken ein, und dadurch gelang es ihnen, die unbeschreibliche Macht zu sehen, die die Quelle aller lebenden Wesen ist. Sie nannten sie den *Adler*.«

Jetzt hat Melvin meine ungeteilte Aufmerksamkeit. »Wieso den *Adler*?«, frage ich.

»Sie konnten diesen Zustand immer nur wenige kurze Momente lang ertragen, aber in diesen Momenten sahen sie etwas, das einem schwarzweißen Adler von gewaltiger Größe ähnelte.«

»Und was haben sie über diese Macht herausgefunden?«, dringe ich weiter in Melvin.

»Sie sahen, dass der Adler Bewusstsein und Wissen schenkt. Er erschafft die Wesen und gibt ihnen das Leben, damit sie das Bewusstsein und das Wissen, das er ihnen mitgegeben hat, erweitern.«

»Und was sahen sie noch?«, frage ich.

»Sie sahen, dass das weiter entwickelte Bewusstsein nach dem Tod jedes Wesen verlässt und direkt zum *Adler* geht ... und von ihm verschlungen wird.« Melvin spricht diese schockierende Wahrheit sehr langsam und bedächtig aus.

»Sie meinen, der einzige Grund für unsere Existenz ist es, das Bewusstsein mit unserer Lebenserfahrung zu bereichern ... damit dieses Bewusstsein dann der kosmischen Urkraft als Nahrung dient?«, rekapituliere ich.

Unsere Blicke treffen sich. Die dunkelbraunen Augen in seinem faltigen Gesicht scheinen mich festzunageln. Es ist, als seien wir an einer kosmischen Endstation angekommen, von der wir wissen, dass wir nicht mehr von ihr entfliehen können. Uns erwartet kein freundliches Schicksal.

»Die Anasazi-Seher sahen, dass die Lebewesen existieren, um das Bewusstsein anzureichern, das dann dem *Adler* als Nahrung dient. Seit uralter Zeit, bis heute, und für immer«, sagt Melvin abschließend.

»So viel zu den Entdeckungen der Anasazi-Seher«, denke ich bei mir. Als ich wieder aus dem Auto steige, grüble ich immer noch über das Gespräch nach.

Ich stehe vor der Siedlung und betrachte ihren Umriss. Pueblo Bonito wurde in Form des Großbuchstaben »D« erbaut. Der abgerundete Teil des Gebäudekomplexes blickt nach Süden, um während der kalten Wintertage die Sonnenwärme aufzunehmen. Die größte Kiva wurde in perfekter Nord-Süd-Ausrichtung gebaut – und das natürlich ohne Hilfe eines Kompasses.

Jeder einzelne Stein musste mit äußerster Sorgfalt in die Mauer eingefügt werden.

Auch die Wand, die den ganzen Komplex in zwei Hälften teilt, ist exakt nach Norden ausgerichtet. (Offiziellen Messungen zufolge beträgt die Abweichung vom geografischen Norden weniger als ein Viertel Grad!) Die Linie, auf der die große Kiva in der östlichen Hälfte der Siedlung errichtet wurde, weist exakt 45 Grad nach Nordosten.

Ganz eindeutig war der Bauplan vollkommen in die astronomische Orientierung der Anasazi eingebunden.

Den ersten Teil des Pueblos erkunde ich, indem ich zunächst einem schmalen Pfad entlang der östlichen Mauern folge. Die Ruinen von zwei Mauern und dann, plötzlich, eine eigenartige Öffnung – ein Fenster. Später entdecke ich Überreste von sechs ähnlichen Eckfenstern.

Foto 11: Beweis der astronomischen Funktion der Eckfenster in Pueblo Bonito, die dem Sonnenlauf folgen. Chaco Canyon, Neumexiko.

Nach genauerer Untersuchung stellte man fest, dass diese Fenster eine astronomische Funktion erfüllten. Man hat herausgefunden, dass man von diesen Positionen aus bis Ende Oktober die Bewegungen der Sonne beobachten kann. Und wenn die Sonne dann scheinbar hinter dem Horizont verschwindet, weil man sie von hier aus nicht mehr ohne Weiteres sehen kann, passiert etwas sehr Interessantes. Ein schmaler Lichtstreifen fällt durch das Fenster auf die gegenüberliegende Wand des Zimmers. Von nun an kann man den Lauf der Sonne anhand des Lichtstrahls auf indirekte Weise verfolgen. Und am 22. Dezember, der Wintersonnwende, bilden die Sonnenstrahlen in der Ecke des Zimmers ein Quadrat!

Obwohl die Anasazi keinen Wandkalender hatten, zeigten ihnen die Bewegungen der Sonnenstrahlen ganz genau, wann der erste Wintertag kam.

Natürlich kann man heute den Verputz der Wände nicht mehr sehen, auf dem höchstwahrscheinlich weitere wichtige Markierungen zur Beobachtung des Sonnenlaufs angebracht waren.

Beim Bau der dreizehn Pueblos in diesem Canyon wurden insgesamt 225.000 Bäume verwendet. Der nächste Wald ist sechzig Kilometer entfernt.

Die Fundamente der Mauern von Pueblo Bonito sind, wie auch in anderen Siedlungen der Anasazi, über einen Meter breit. Die Dicke der heute noch stehenden Wände ist angeschrägt, und dadurch erfahren wir zweierlei. Erstens, dass die ursprünglichen Erbauer mehrere Stockwerke planten und deshalb die Wände unten dicker machten. Und zweitens, dass man die Wände der oberen Stockwerke schmaler baute, um den Druck auf die unteren Wände zu vermindern. Jeder Stein wurde sorgfältig geformt und geglättet.

Foto 12: Die sorgfältig errichteten Wände von Pueblo Bonito bestanden aus über 50 Millionen exakt geformter, steinerner Bausteine. Chaco Canyon, Mexiko.

Wenn man sich vor Augen führt, dass Pueblo Bonito nur ein paar hundert ständige Einwohner hatte und die anderen Siedlungen sogar noch weniger, dann fragt man sich, wie derart einrucksvolle und massive Gebäude überhaupt in so kurzer Zeit gebaut werden konnten.

Dieses Pueblo besitzt nur einen einzigen, schmalen Eingang in die Siedlung. Abgesehen von dem weiträumigen, offenen Dorfplatz im Inneren, der die Kivas miteinander verband, konnte man die einzelnen Apartments nur über hölzerne Leitern erreichen.

Die vier Stockwerke hohen Mauern stellten unwillkommene Gäste vor ein unüberwindliches Hindernis. Außerdem gab es zwei große, ummauerte Plattformen und zusätzliche Wände, die als äußere Schutzbarriere dienten.

Im Laufe der Zeit wurde die Breite des Haupteingangs von zwei Metern auf weniger als einen Meter verringert. Und als die Anasazi schließlich in der Mitte des 13. Jahrhunderts die Siedlung verließen, wurde auch dieser schmale Eingang Pueblo Bonitos zugemauert.

Chaco Canyon war das Zentrum der Anasazi-Welt. Pueblo Bonito war die größte Siedlung und befand sich genau in der Mitte des Canyons. Und der mittlere Raum im 150 Meter breiten Pueblo Bonito ist die große Kiva mit einem Radius von etwa zwanzig Metern.

Foto 13: Die Ruinen der großen Kiva mit ihrer exakten Nord-Süd-Ausrichtung: das spirituelle Zentrum von Pueblo Bonito. Chaco Canyon, Neumexiko.

Vor den Überresten der unterirdischen Kiva lädt mich eine schmale Bank zum Sitzen ein.

Ich befinde mich im Herzen einer verschwundenen Zivilisation. Unter mir sind alle ihre Geheimnisse, Hoffnungen und Pläne erodiert und zerfallen. Hier saßen sie rauchend am Feuer, aus ihren Pfeifen stieg der Geruch von Gras, und hier erschufen sie Gegenwart und Zukunft der Anasazi-Gemeinschaft, die sich ringsum über viele Hunderte von Kilometern ausbreitete.

Bis zu dem Augenblick, in dem sie beschlossen, den Eingang ganz friedlich und würdevoll für immer zu versiegeln.

Foto 14: Für den Bau der dreizehn größeren Pueblos im Canyon wurden insgesamt 225.000 Bäume gefällt. Die nächsten Wälder waren über 60 Kilometer weit entfernt. Da die Anasazi weder Metallwerkzeuge noch Lasttiere, noch das Rad kannten, bleibt es bis heute ein Rätsel, wie man diese Siedlung in so kurzer Zeit und mit einer so geringen Anzahl von Arbeitern bauen konnte.

5
Chetro Ketl

Chaco Canyon, Neumexiko

Chetro Ketl liegt fünfhundert Meter südöstlich von Pueblo Bonito und ist ebenfalls in Form eines großen »D« gebaut. Die hintere Mauer ist 170 Meter lang und stützt ein fünf Stockwerke hohes Pueblo mit etwa 500 Räumen und 16 Kivas.

Die Ruinen stehen hoch über der halbtrockenen Wüstenlandschaft. Sie ist leer und verlassen. In allen Richtungen nichts als niedriges Gesträuch.

Achthundert Jahre lang haben Wind und Regen ihr Werk getan und die Tunnelsysteme, Räume und Kivas verborgen, die die beiden größten Pueblos im Chaco Canyon miteinander verbanden. In den 1920er Jahren entdeckten Archäologen Fundamente und Ruinen von Mauern zwischen Pueblo Bonito und Chetro Ketl. Forschungen jüngeren Datums mit Laseraufnahmen ergaben weitere Räume, die nun tief unter der Erde verschwunden sind.

Die Jahresring-Codes der zum Bau der Stützmauern verwendeten Baumstämme dieses Pueblos ergaben, dass der erste Stock im Jahr 945 errichtet wurde. Im Laufe der nächsten 170 Jahre wurden 26.000 Bäume gefällt, um der Siedlung ihre endgültige Gestalt zu geben. Der Radius des größten Stützbalkens (spanisch *viga*) betrug 65 Zentimeter, beziehungsweise hatte er einen Durchmesser von etwa 1,30 Metern. Wie man die Baumstämme von ihrem Ursprungsort zur Baustelle transportierte, bleibt rätselhaft.

Foto 15: **Künstlerische Darstellung der ursprünglichen, eleganten Anasazi-Siedlung um 1200 in Chetro Ketl, Chaco Canyon, Neumexiko.**

Fünfzig Millionen Bausteine bildeten die Mauern dieses »großen Hauses«. Wie viele Arbeiter brauchte man wohl für ein derart gewaltiges Unternehmen?

In dem eleganten Komplex von Chetro Ketl lebten weniger als hundert Menschen, möglicherweise nicht einmal fünfzig. Die unteren Stockwerke dienten hauptsächlich als Lagerräume, und das ganze Pueblo war von einer doppelten Mauer umgeben. Die Räume in den oberen Stockwerken hatten Türen, die auf Balkone führten.

Von den Balkonen ist nichts mehr übrig. Aber laut historischer Aufzeichnungen aus dem Jahr 1901 waren Teile der Balkone damals noch intakt. Während der folgenden zwanzig Jahre verschwanden sie ebenfalls. Abenteurer und Abgesandte von Museen, die den Canyon besuchten, haben an kühlen Abenden die hölzernen Balkonstützbalken für ihre Lagerfeuer genutzt. Und so wurden die Balkonterrassen zu Asche.

Mein unterbrochenes Gespräch mit Melvin setzt sich fort. Jetzt sehen wir die Ruinen von Chetro Ketl durch die Windschutzscheibe.

»Die Welt ist anders, als wir denken«, sagt Melvin. »Wir denken, dass sie aus festen Objekten besteht, aber das stimmt nicht.«

»Das ist wahr. Alles lässt sich auf Energiefelder zurückführen«, entgegne ich.

»Ja, aber Sie, ein Durchschnittsmensch, können diese Energiefelder nicht sehen. Wenn Sie sie sehen könnten, und nur dann, wären Sie ein Seher. Dann erst besäßen Sie den Beweis für diese Tatsache.«

Die Erfahrung hat mich gelehrt, dass es sinnvoll ist, in die Rolle des Schülers zu schlüpfen, wenn ich mit jemandem zusammen bin, der mich etwas lehren kann. Ich werfe Melvin einen interessierten Schülerblick zu. Er versteht und fährt fort.

»Die Welt ist nicht so fest gefügt, wie unsere Sinne es uns glauben machen. Aber ebenso wenig ist sie eine Art Reflektion. Wir hören oft, die Welt sei eine Illusion, aber das stimmt nicht. In einer gewissen Hinsicht ist das wahr, aber in anderer Hinsicht nicht.«

»Und wie können wir den Unterschied erkennen?«

»Hören Sie gut zu, Sie europäischstämmiger Texaner. Durch

unsere Sinne erhalten wir Informationen über die äußere Welt. Das ist eine Tatsache. Aber das, was wir sehen, sind keine Tatsachen. Denn wir müssen erst lernen, unsere Sinne richtig zu gebrauchen. Und da fängt das Problem an.«

»Moment, ich möchte sicher sein, dass ich das richtig verstanden habe. Wir besitzen unsere Sinne, die die Objekte und Phänomene um uns herum aufnehmen. Daran besteht kein Zweifel. Das Problem entsteht, sobald wir diese Sinne benutzen. Ist das richtig?«

»Sehr gut. Es existiert etwas, das unsere Sinne beeinflusst. Und dadurch ist alles, was unsere Sinne uns präsentieren, verzerrt«, erklärt Melvin weiter.

»Also gut, Melvin. Wir zum Beispiel sehen gerade die Ruinen dieser Siedlung. Über uns sind die Klippen des Canyons. Ist das nun real oder nicht? Spielen unsere Sinne uns einen Streich? Was ist an diesem Eindruck verzerrt?«, versuche ich, meine Fragen zusammenzufassen.

»Unsere Sinne sagen uns, dass vor uns steinerne Ruinen und Berge sind. Sie haben eine bestimmte Größe, Farbe und Form. Wir haben sogar viele spezielle Kategorien, in die wir verschiedene Ruinen und Berge einteilen können. Das ist völlig in Ordnung. Aber jetzt kommt's: Unsere Sinne sehen und empfangen bestimmte Informationen, weil sie dazu gezwungen sind.«

Ich denke darüber nach.

»Und was zwingt unsere Sinne dazu, so und nicht anders zu funktionieren?« Wieder bemühe ich mich um eine Fragestellung, die eine präzise Antwort erfordert.

»Sehen Sie, unser Bewusstsein sagt uns, dass die Welt, die uns umgibt, aus Objekten besteht. Aber sowohl unsere Sinne als auch unser Bewusstsein stehen völlig unter dem Einfluss der *Adlerstrahlung*.«

»Okay. Diese Strahlung hat also einen kosmischen Ursprung. Und wie sehen die Strahlen aus?« Ich versuche, mir das bildlich vorzustellen.

»Sie sind flüssig, und ununterbrochen in Bewegung, und zugleich sind sie unveränderlich und ewig«, sagt Melvin abschließend.

Der Fotograf, Forscher und Maler William Henry Jackson besuchte den Chaco Canyon 1877. Im Laufe seines langen Lebens (er wurde 99 Jahre alt) reiste er um die ganze Welt. Wir erwähnen hier seinen Namen, weil er der einzige Autor ist, der uns eine Übersetzung des Namens Chetro Ketl hinterlassen hat. Laut Jackson bedeutet er »Regen-Pueblo«. Die Quelle dieser Information nennt er nicht, aber wahrscheinlich stammte sie von den Pueblo-Indianern.

Warum »Regen-Pueblo«?

Im Canyon fällt die Hälfte des Regens während der Sommermonate, normalerweise in Form heftiger, kurzer Wolkenbrüche. Diese sommerlichen Regenfälle erzeugen Bäche, die dann über die Klippen des Canyons zu Tal strömen. Solche Wasserläufe treten meist im nördlichen Teil des Canyons auf. Die Bewohner der Siedlungen bauten ein Bewässerungssystem aus steinernen Kanälen, um sich das Wasser zunutze zu machen. Drei derartige Steinkanäle befinden sich entweder innerhalb von Chetro Ketl oder in unmittelbarer Nähe.

Bei den Navaho gab es zwei Namen für diese Siedlung, und beide bezeichneten eigentlich nicht die Siedlung selbst, sondern ihre natürliche Umgebung. Der erste Name, *Tsebida t'ini'ani*, bedeutet »überdeckte Höhlung« und bezieht sich auf die überdeckten Steingräben in diesem Teil des Canyons. Der andere Name, *Nastl'a kin*, bedeutet »Eckhaus«. Er bezieht sich auf die Lage der Siedlung in unmittelbarer Nähe von Schluchten, die auf der Gipfelebene des Canyons teilweise fast ganz von natürlichen Felsdächern überdeckt sind.

Die frühen Archäologen versuchten, die architektonischen Wunder der Anasazi-Welt durch den Einfluss der nahen mexikanischen Zivilisationen auf das astronomische Wissen und die bautechnischen Fähigkeiten der Bewohner zu erklären. Als sie in Chetro Ketl die Überreste steinerner Säulen fanden, war dies in ihren Augen der schlagende Beweis für ihre Behauptungen.

Foto 16: Die Ruinen der großen Kiva, deren Dach 80 Tonnen wog. Darunter wurde eine noch ältere Kiva entdeckt. Chetro Ketl, Chaco Canyon, Neumexiko.

Es gab tatsächlich eine Reihe viereckiger Steinsäulen, die am Hauptplatz der Siedlung standen. Im Laufe der Zeit füllte man den Zwischenraum zwischen den Säulen mit verschiedenen Baumaterialien auf, sodass aus der Säulenreihe eine neue Mauer wurde. Dies beweist jedoch nur, dass die Säulen älter sind als die Mauer. Ähnliche Säulen wurden im Tal von Zentralmexiko in den Städten der Azteken und Tolteken errichtet. Genauere Forschungen ergaben jedoch, dass die Säulen von Chetro Ketl nicht 945 während der ersten Bauphase entstanden, sondern erst später, nämlich im Jahr 1075. Dadurch wurde die These vom Einfluss der zentralamerikanischen Kulturen widerlegt.

Auf dem Hauptplatz sind die Überreste der großen Kiva nicht zu übersehen. In der Nähe der kreisförmigen Wände befinden sich ein Eingangsraum und ein Korridor. Auf dem Boden der Kiva steht eine runde Steinbank, und in der Mitte der Kiva gab es eine Feuerstelle mit einer steinernen Einfassung und eine niedrige Steinwand, die die Wärme des Feuers zurückstrahlte. Vier große Säulen stützten das Dach der Kiva, das neunzig Tonnen wog (!), und unter diesen Säulen fand man runde Steinplatten, jede mit einem Gewicht von einer halben Tonne. Darunter liegen alternierende Schichten von Braunkohle und Ziegeln, und noch tiefer unten entdeckte man Lederbeutel, gefüllt mit pulverisierten Halbedelsteinen, möglicherweise Türkisen.

Die Amerikaner führten die erste organisierte Ausgrabung 1920 durch. Das Museum von Neumexiko ließ unter der Leitung E. L. Hewitts die Ruinen der Stadt in drei Phasen säubern. Die Kivas waren so angefüllt mit Erde, Steinen und Geröll, dass man Sprengungen durchführte, um sie zu leeren. 1933, in der dritten Phase, entdeckte man, dass die Hauptkiva in Wirklichkeit aus zwei Kivas bestand, eine über der anderen. Die ältere lag fünf Meter unter dem Erdboden und hatte einen Umfang von achtzehn Metern. Einen Haupteingang hat man nicht gefunden und musste schließlich eine Mauer der oberen Kiva einreißen, um hineinzugelangen. Dank der Unzugänglichkeit der älteren Kiva fand man in den dortigen Mittelsäulen nicht nur Originalmaterialien, sondern auch geheimnisvolle unterirdische Eingänge, schmale Treppen und kleine Alkoven mit Edelsteinen.

Eine dreidimensionale Darstellung der großen Kiva kann man auf einer interessanten Webseite betrachten: https://chnm.gmu.edu/digitalhistory/links/pdf/chapter1/1.32d.pdf.

Ich steige wieder in das kühle Auto ein. Die Klimaanlage läuft auf vollen Touren.

»Melvin, auf den ersten Blick wirken diese Ruinen nicht besonders einrucksvoll. Aber je länger ich darüber nachdenke, desto klarer wird mir, wie viel Arbeit nötig war, um Tausende von Bäumen zu fällen, die Stämme über eine so große Entfernung zu transportieren und Millionen von Bausteinen herzustellen und zu verarbeiten. Und dabei lebten hier nur relativ wenige Menschen.

Es gibt im Umkreis von zig Kilometern keine anderen Siedlungen. Wissen Sie, was sie als Transporthilfe benutzten? Metallwerkzeuge, Räder, Zugtiere ... All das gab es hier vor tausend Jahren noch nicht. Ich weiß, dass die einzigen Haustiere, die sie hielten, Truthähne waren. Aber ich glaube kaum, dass Truthähne Baumstämme sechzig Kilometer weit schleppen können«, gebe ich meine Fragen an meinen Reisebegleiter weiter.

Er hört mich bis zu Ende an. »Fahren wir weiter«, sagt er und weist mit der Hand nach vorn.

Ich tue, was er vorschlägt, und wir fahren ein paar hundert Meter. Dann deutet er auf die Klippen über dem Canyon. »Die Anasazi hatten viele verborgene Geheimnisse. Sie konnten die Grenzen der Zeit überschreiten. Sie konnten aus der materiellen in die spirituelle Dimension wechseln und umgekehrt. In diesen Klippen gibt es Tunnels, die noch kein Weißer gefunden hat. Manche Antworten sind tief im Inneren des Canyons verborgen«, sagt er rätselhaft.

Ich halte einen Moment an. Am rechten Straßenrand ist ein Stacheldrahtzaun mit einem kleinen Holzschild: »Ab hier kein Zutritt.« Ich hatte nicht vor, dorthin zu gehen. Vielleicht ein andermal. Vielleicht habe ich auf der Rückfahrt Zeit dazu ...

Ich parke den Wagen. Am Beginn eines staubigen Pfades verkündet ein Schild, dass dieser Weg zum Grab des legendären Forschers, Amateurarchäologen und Tauschhändlers Richard Wetherhill führt. Er war ein umstrittener Viehzüchter aus Colorado und entdeckte gegen Ende des 19. Jahrhunderts mehrere Anasazi-Siedlungen in Colorado und Utah. Erst, als er 1896 hierher kam, erfuhr Amerika durch seine Schriften und Ausgrabungen vom Phänomen des Chaco Canyons. Wetherhills Ruhm als Autor ist untrennbar mit Amerikas berühmtesten archäologischen Funden verbunden.

Das American Museum of Natural History engagierte ihn für eine Expedition. Und obwohl er gar kein studierter Archäologe, sondern nur begeisterter Laie war, erwiesen sich seine Ausgrabungsmethoden, fotografischen Dokumentationen und Auswertungen denen seiner professionellen Kollegen als überlegen. Wie es so oft geschieht, wandten sich die staatlich geprüften Wissenschaftler daraufhin stracks an die Politiker, um ihn an weiteren Forschungen zu hindern, mit der Begründung, dass er kein Fachstudium absolviert hatte. Dann verabschiedeten die Vereinigten Staaten ihr erstes Gesetz zum Schutz historischer Ruinen, die Universitäten entsandten weitere Expeditionen, und Wetherhill arbeitete nicht mehr als Archäologe, sondern wurde stattdessen Geschäftsmann.

Foto 17: Richard Wetherhill (ganz rechts), ein autodidaktischer Archäologe, mit seinem Team während der Hyde-Expedition 1896 im Chaco Canyon, Neumexiko.

Auf dem Foto, das ich nach langem Suchen in den Archiven fand, sieht man den schlanken Wetherhill zusammen mit seinem Team 1896 während der Hyde-Expedition im Chaco Canyon.

Über die späteren Phasen seines Lebens existieren widersprüchliche Aufzeichnungen. Einige der Navaho, die mit ihm arbeiteten, priesen ihren Arbeitgeber. Aber es gibt auch Geschichten über sein hochfahrendes Temperament, das ihn schließlich das Leben kostete. Über sein Ende berichten vier verschiedene Versionen. Eines ist sicher: Er wurde bei einem sehr heftigen Streit zwischen seinen Mitarbeitern und den Navaho getötet.

Und so wurde der Erinnerungsgalerie dieses Canyons eine weitere, eindrucksvolle Persönlichkeit hinzugefügt.

6
Pueblo del Arroyo

Chaco Canyon, Neumexiko

Ich setze meine Tour des Canyons fort. Hier führten die Anasazi ein eindrucksvolles Leben, bis sie nach dreihundert Jahren ganz plötzlich ihr »großes Haus« geheimnisvollerweise hinter sich verschlossen.

Sie errichteten ihre eleganten Bauwerke und erzielten ihre großen spirituellen Leistungen in der Zeit zwischen 850 und 1150.

Laut den Archäologen lebten in diesem Gebiet zwischen dem ersten und dem achten nachchristlichen Jahrhundert primitive Nomaden. Für die folgenden zweihundert Jahre existieren überhaupt keine Hinweise auf irgendwelche Bewohner – bis zur Ankunft der Anasazi. Nach ihrem Verschwinden vergingen weitere zweihundert Jahre ohne jeden Hinweis. Als die Pueblo-Stämme und die Hopi auftauchten, waren deren bauliche und spirituelle Leistungen im Vergleich zu den Errungenschaften der Anasazi nur ein matter Abglanz.

Es ist erstaunlich, wie viel verlassene Ruinen einem erzählen können, wenn man bereit ist, ihnen zuzuhören.

Die Menschen, unter deren Händen diese harmonischen Wohnkomplexe in »D«-Form entstanden, die sie schließlich vor ihrem Aufbruch würdevoll hinter sich verschlossen, haben uns Botschaften hinterlassen, und wenn wir uns bemühen, können wir sie vielleicht entziffern.

Pueblo Bonito war das Herz der Anasazi-Zivilisation. Es ist das älteste Pueblo, dessen Bau um 850 begann und das danach bis mindestens 1150 durchgehend bewohnt war. Die nächstältesten Pueblos Una Vita und Penasco Blanco wurden 250 Jahre lang bewohnt.

Nach diesen entstanden drei Pueblos, die alle etwa hundert Jahre lang bewohnt wurden: Hungo Pavi, Chetro Ketl und Pueblo Alto.

Und schließlich errichteten die Anasazi in einer späteren Bauepoche noch sieben weitere Wohnkomplexe, die sie nur zwei Generationen lang bewohnten(?!): Casa Rinconada, Casa Chiquita, New Alto, Kin Kleso, Wijiji, Tsin Kletzin und Pueblo del Arroyo.

Die Bevölkerungszahl eines Pueblos lässt sich durch die Anzahl kleinerer Kivas feststellen, die von Familien benutzt wurden, sowie anhand der Feuerstellen und Gefäße, die man in den einzelnen Räumen gefunden hat. Obwohl in Pueblo Bonito höchstens vierzig Familien lebten, war es das Zentrum eines riesigen Gebiets mit einem Radius von über tausend Kilometern!

Das nächste Rätsel ist, dass mehr als die Hälfte der Siedlungen in Chaco Canyon überhaupt keine Feuerstellen hatte, was bedeutet, dass sie nicht das ganze Jahr über bewohnt waren. Wie sollen wir uns erklären, dass eine Handvoll Menschen in diesem unzugänglichen Canyon derart eindrucksvolle Bauwerke errichtete, für deren Errichtung sich Tausende von Arbeitern viele Jahre lang ununterbrochen abgemüht haben müssen?

Wie kommunizierten sie, und wie übten sie ihren Einfluss über das gewaltige Gebiet aus, auf dem heute die vier großen amerikanischen Bundesstaaten Neumexiko, Colorado, Utah und Arizona liegen?

Alle Räume im Chaco Canyon hatten dieselbe Größe. Allein aus dieser Tatsache können wir einiges schließen. Die Anasazi hatten keine hierarchische Gesellschaftsordnung. Es gab weder Reiche noch Arme. Es gab keine Adligen, keinen Klerus, keine Ober- und Unterschicht.

Eine Gesellschaftsordnung der Gleichheit und sozialen Gerechtigkeit?

Aus der Existenz mehrerer großer und vieler kleinerer Kivas schließe ich, dass die Informationen vom »Rat der Weisen« (der Sehergruppe) in beide Richtungen flossen und dass sie jede einzelne Familie ohne Hindernisse erreichten.

Der Kontakt zwischen den weit voneinander entfernten Siedlungen in der Welt der Anasazi wurde durch spirituelle Expeditionen und kontrollierte Astralprojektionen der Seher gewährleistet.

Das astronomische Wissen der Seher stammte aus den kombinierten Informationen zweier Welten, die sie sie sowohl durch ihre körperlichen als auch durch ihre spirituellen Sinne aufnahmen. Die Bewegungen der Sonne, des Mondes, der Planeten und der Sterne wurden beobachtet und aufgezeichnet, was die Petroglyphen auf den Klippen und die räumliche Orientierung der Mauern und Fenster bezeugen.

Sie haben uns keine Schrift und auch keinerlei schriftliche Aufzeichnungen hinterlassen. Es ist, als hätten sie gewusst, dass ihre Zeit auf diesem Planeten nur kurz und ihr Aufbruch freiwillig sein würde ... Als hätten sie aus diesem Grund gar nicht das Bedürfnis gehabt, zukünftigen Generationen über sich zu berichten.

Wir wollen dennoch versuchen, ihre Geheimnisse zu lüften.

»Melvin, das Konzept des *Adlers* fasziniert mich sehr«, bekenne ich, während wir von einer Siedlung zur nächsten fahren.

»Es ist nicht nur ein Konzept«, entgegnet er. »Es ist eine Tatsache. Sogar eine erschreckende Tatsache.«

»Aber was für eine kosmische Kraft ist dieser *Adler*?«, will ich wissen.

»Für die Seher war der *Adler* genauso real, wie die Zeit oder die Schwerkraft für Sie. Zugleich aber ist er abstrakt und unbegreiflich.«

»Zugegeben, Melvin, vielleicht ist die Schwerkraft ein abstraktes Konzept, aber man kann es innerhalb der wissenschaftlichen Disziplinen anwenden und seine Existenz beweisen«, überlege ich laut.

»Auch die Existenz des *Adlers* und seine *Strahlung* kann man beweisen«, erwidert Melvin geduldig.

»Erklären Sie mir die *Adlerstrahlung*«, bitte ich ihn.

»Die *Adlerstrahlung* ist überall, sie durchdringt alles, was existiert, und alles Bekannte und Unbekannte. Es gibt keine Worte, um sie hinlänglich zu beschreiben. Die *Adlerstrahlung* kann nur von den Sehern gesehen und empfunden werden.«

»Haben Sie sie gesehen?«

»Natürlich. Aber trotzdem ist es mir unmöglich, sie zu beschreiben. Sie ist eine Präsenz, eine Gegenwart, *die* Gegenwart, oder auch ein Druck: etwas mit einem eigenen Gewicht. Auch ein Seher kann die Strahlung nur momentan sehen, wie ein kurzes Aufflackern. Und auch die Existenz des *Adlers* können wir nur spüren.«

»Glauben Sie, der *Adler* ist der Ursprung der Strahlung?«

»Selbstverständlich.«

»Ich meine, konnten Sie den Ursprung der Strahlung visuell vor sich sehen?«

»Hören Sie, die Erfahrung des *Adlers* ist absolut nicht visuell. Der Seher erlebt den *Adler* mit seinem ganzen Sein. Dafür gibt es eine einfache Erklärung. Wir Menschen sind, genau wie alle anderen Lebewesen auch, nichts anderes als ein Produkt der *Adlerstrahlung*. Das bedeutet, dass wir zu unseren ursprünglichen Elementen zurückkehren müssen... Dann werden wir die *Adlerstrahlung* spüren. Aber wir Menschen haben dabei ein Problem. Unser Bewusstsein. Es wird von unseren Sinnen gespeist. Unser Bewusstsein wertet die Informationen aus, die wir von unseren Sinnen bekommen, und da wird es kompliziert. Selbst die Seher können diese Einschränkung nicht vermeiden. Deshalb benutzen sie vereinfachende Worte wie Adler oder Strahlung. Das, was wirklich existiert, können wir nicht erreichen«, schließt er.

Pueblo del Arroyo wurde zwischen 1065 und 1100 geplant und gebaut. Sein Name bedeutet »Siedlung am Bach« und stammt von Mr James Simpson und seinem mexikanischen Führer Carravahal, die 1849 eine Expedition hierher unternahmen. Es ist auch die Übersetzung des alten Navaho-Namens *Tabaah kini*.

Diese Siedlung unterscheidet sich in einigen Einzelheiten, die sofort ins Auge fallen, von den anderen. Im Gegensatz zu den übrigen »großen Häusern« der Anasazi, die dicht an den Klippen stehen, befindet sich Pueblo del Arroyo in der Mitte des Canyons. Die anderen Wohnkomplexe haben die Form eines »D« und blicken nach Süden, aber bei diesem Pueblo ist die halbkreisförmige Mauer nach Osten ausgerichtet. Auch gibt es in Pueblo del Arroyo zwar einige gut erhaltene kleinere Kivas, aber keine große.

Die ersten Fundamente der Ruinen, auf die ich am Rand eines schmalen Pfades stoße, sind sehr ungewöhnlich. Sie bestehen aus drei runden Mauern ineinander. Alle paar Meter stand früher eine Zwischenwand. Mit anderen Worten, die Erbauer errichteten drei große, ineinander liegende, kreisrunde Räume, die durch die verbindenden Zwischenwände eine Art Labyrinth bildeten. Es ist das einzige Labyrinth im ganzen Canyon. Sein Zweck bleibt ein Geheimnis.

Ich vermute, dass das Labyrinth einem Experiment der Anasazi diente. Aus der Tatsache, dass es hier keine große Kiva für die Allgemeinheit gab, sondern stattdessen diese runden Räume, schließe ich, dass ihre Seher hier spezielle spirituelle Zusammenkünfte abhielten, bei denen sie vielleicht ihre neueren Mitglieder vor gewisse Herausforderungen stellten.

Foto 18: Das Labyrinth mit seinen drei konzentrischen Kreisen und einer Reihe von Zwischenwänden – vielleicht ein Ort der spirituellen Herausforderung für die Eingeweihten? Pueblo del Arroyo, Chaco Canyon, Neumexiko.

Nach dem Labyrinth stoße ich auf die südliche Grenze der Siedlung. Wieder etwas Neues: ein Raum von über 35 Metern Länge. Offenbar gab die Außenmauer irgendwann nach, sodass weitere Stützmauern hinzugefügt wurden, um ihren Einsturz zu verhindern. Später dienten diese Stützmauern als Basis für neue, zusätzliche Räume.

Auf Händen und Knien krieche ich in einen der kleineren Räume hinein. Ich berühre den Holzrahmen der Tür, auf die jemand die Zahl 6195 geschrieben hat. In der Broschüre lese ich, dass dieses Holz getestet wurde und man das Jahr 1104 als Fälldatum des Baumes festgestellt hat.

In dem lang gestreckten Raum vor mir wurden die Skelette dreier ausgewachsener Papageien gefunden. Aufgrund ihrer bunten Federn waren Papageien beim Handel zwischen den Anasazi und den südmexikanischen Kulturen begehrte Tauschobjekte. Dies hat man aus der Tatsache geschlossen, dass nirgends Knochen von Papageienküken gefunden wurden.

Es ist an die vierzig Grad heiß. Ich nehme den Hut ab und wische mir den Schweiß von der Stirn. Ich blicke in den Canyon hinaus. In der Ferne sehe ich rechts Pueblo Bonito und Chetro Ketl, und links Kin Kletso. Die Sonne steht immer noch hoch und ihre Strahlen fallen sanft auf die Plätze der Siedlung.

Wieder sehe ich mich um und versuche, die ganze Siedlung Pueblo del Arroyo in mich aufzunehmen. Nur ein Drittel davon hat man ausgegraben, dann wurden die Arbeiten eingestellt. Ich schließe die Augen und stelle mir vor, wie dieses »D«-förmige Pueblo ursprünglich aussah. Wie eine Festung, wie ein Raumschiff? Insgesamt gab es hier 285 Räume und 24 kleinere Kivas auf vier Stockwerken.

Hier finden keine Ausgrabungen mehr statt. Die Navaho, Hopi und Pueblo-Indianer haben dies abgelehnt. Und die Geschichte der Archäologie zeigt, dass man alte Ruinen am Besten bewahrt, indem man sie unberührt in der Erde lässt.

Foto 19: So sah Pueblo del Arroyo um 1120 aus. Es ist das einzige »große Haus« der Anasazi, das sich in der Mitte des Canyons befindet. Rechts unten sieht man das kreisförmige Labyrinth, das ebenfalls das einzige seiner Art im Chaco Canyon ist.

»Warum wurden die Ausgrabungen nicht weiter geführt?«, frage ich Melvin, als ich wieder im Auto bin.

»Man sollte diese Siedlungen der Mutter Erde zurückgeben und sie nicht mehr stören.« Genau diese Antwort hatte ich erwartet.

Wir legen eine willkommene Pause ein. Ich trinke etwas Wasser, hole ein paar Mal tief Luft und wende mich dann wieder meinem Gespräch mit Melvin zu.

»Wenn ich diese Ruinen ansehe, habe ich ein Bild von den Anasazi vor Augen, wie sie in ihren Kivas sitzen und ihre spirituellen Reisen machen, und dazu das Konzept des *Adlers* … und dann bekomme ich den Eindruck, die Seher hätten gemeinsam entschieden, dass dieses irdische Leben nicht mehr genügend Herausforderungen bot … und dass ihr Aufbruch das Ergebnis einer gemeinsamen Entscheidung war, nicht noch weitere Generationen lang das Leben auf der Erde weiterzuführen«, erläutere ich Melvin meine Theorie.

»Nun, das ist nur ein Teil der Wahrheit über die Anasazi«, erklärt er. »Ich glaube, Sie haben ganz Recht, was den Ausgangspunkt angeht: Die spirituellen Reisen waren den Sehern ungemein wichtig.«

»Aber ich muss zugeben, dass das Bild des *Adlers*, der unser Bewusstsein verschlingt, mich tief beeindruckt hat«, füge ich hinzu.

»Wenn Sie ihn sehen könnten, würde er Sie noch viel tiefer beeindrucken. Wenn Sie diese kosmische Kraft selbst spüren könnten, dann könnten Sie sie auch definieren. Statt des *Adlers* würden Sie vielleicht einfach eine Art Magneten sehen, der das Bewusstsein nach dem Tod des Körpers anzieht«, fährt Melvin fort.

»Aber was ist mit dem Verschwinden der Anasazi? Sind sie alle zusammen ganz geordnet aufgebrochen? Haben die Seher in diesem Leben keinen Sinn mehr gesehen? Empfanden sie es als sinnlos, das Bewusstsein zu erweitern, nur damit es am Ende vom *Adler* verschlungen wird, wie Sie gesagt haben?«, dränge ich auf eine Antwort.

»Es ist ein bisschen komplizierter, als Sie glauben«, antwortet er. »Die Anasazi lebten nicht lediglich zwischen den Dimensionen des Canyons und des *Adlers*. Wenn Sie nicht aufgeben, werden Sie ein paar überraschende Antworten finden«, sagt mein Freund abschließend und rätselhaft.

7
Kin Kletso

Chaco Canyon, Neumexiko

Ich möchte in diesem Canyon noch eine weitere Anasazi-Siedlung besuchen: Kin Kletso. Die Navaho nannten sie »das gelbe Haus«. Wegen des gelben Grases ringsum oder wegen der reflektierten Sonnenstrahlen? Ich bin mir nicht sicher, denn die Farbe dieser Ruinen ist dunkelgrau.

»Melvin«, wende ich mich erneut an meinen Reisegefährten, »hier stehen wir vor einem weiteren großen Haus der Anasazi. Haben die Seher diese Gebäudekomplexe mit denselben Augen gesehen wie wir?«

»Wissen Sie, zu diesem Zeitpunkt bemühten sich die Seher, herauszufinden, was sie erreichen konnten und was nicht. Dadurch entstand die Unterscheidung zwischen dem *Bekannten* und dem *Unbekannten*. Was sie auf ihren Reisen sehen konnten, wurde zum *Bekannten* und konnte genauer überprüft werden. Bald begriffen sie, dass dieser Bereich der allerkleinste war, viel, viel kleiner als der Bereich des *Unbekannten*. Da definierten die weisesten unter ihnen eine dritte Dimension: das *Unerkennbare*. Diese Dimension war unendlich groß.«

Melvin hat mir auf meine Frage eine viel umfassendere Antwort gegeben, als ich erwartet hatte. Ich habe das Gefühl, er will unterstreichen, welch enge Grenzen unseren Sinnen und unserer Fähigkeit, zu wissen, gesetzt sind.

»In den Kivas der Anasazi«, erklärt er weiter, »versuchten die Seher, Landkarten der Bereiche zu zeichnen, die sie mit ihren spirituellen Sinnen erfahren konnten. Obwohl sie im Alltag von der Anasazi-Gemeinschaft hoch verehrt und geachtet waren, verhielten sich die Seher angesichts der gewaltigen Mauern, die das Unbekannte umgaben, wie neugierige Kinder. Gemeinsam erarbeiteten sie Definitionen und Methoden. Manchmal waren diese spirituellen Reisen kein Kinderspiel, denn sie begegneten unterwegs allen möglichen spirituellen Ungeheuern. Ihre größte Errungenschaft war vielleicht, zu begreifen, dass alle diese Gebiete des Bekannten, des Unbekannten und des Unerkennbaren, zur allumfassenden *Adlerstrahlung* gehören.«

»Moment mal, Melvin, wenn alles ein Teil der kosmischen *Adlerstrahlung* ist, wieso sind uns dann manche Dinge zugänglich und andere nicht?«, frage ich.

»Die Anasazi-Seher wussten, dass alle Lebewesen von der *Strahlung* durchdrungen werden. Ihnen war außerdem klar, dass alle Lebewesen geschaffen wurden, um diese *Strahlung* bis zu einem bestimmten Punkt verstehen zu lernen. Jede Spezies hat ihre eigenen Grenzen, über die hinaus sie nichts mehr begreifen kann.«

»Anscheinend nähere ich mich jetzt allmählich der Antwort auf meine Frage«, murmele ich lächelnd.

»Das stimmt. Die Ruinen der Siedlung vor uns ist, genau wie die gesamte sichtbare Welt, das Ergebnis des Einflusses, den die Adlerstrahlung auf unseren Organismus und die Grenzen unserer Wahrnehmung ausübt«, entgegnet Melvin und lächelt ebenfalls.

»Also, Melvin, habe ich das richtig verstanden? Wir sind alle ein Teil der Auswirkungen der *Adlerstrahlung*, eines Strahlens, das alles um uns erschafft. Und wir können mit unseren Sinnen nur einen kleinen Teil dieser *Strahlung* erkennen, also nur einen kleinen Ausschnitt der Welt, wie sie in Wirklichkeit aussieht?«

»Genau so ist es. Das, was wir Menschen mit Hilfe unserer Sinne lernen, ist nur ein winzig kleiner, unmaßgeblicher Teil der *Adlerstrahlung*. Dennoch kann man das Bild, das wir empfangen, nicht einfach ignorieren, denn es ist das, was die Leute als Wirklichkeit bezeichnen«, schließt Melvin diese Phase unseres Gesprächs.

Kin Kletso ist im Vergleich mit den anderen Siedlungen im Chaco Canyon äußerst ungewöhnlich. Im Unterschied zu den anderen ist sie nicht etwa wie ein »D« geformt, sondern rechteckig. Sie besitzt weder den sonst üblichen Dorfplatz noch eine große Kiva.

Andererseits liegt sie, genau wie es üblich war, direkt an den Klippen. Es gab fünfundfünfzig Räume im Erdgeschoss und eine ähnliche Anzahl im ersten Stock, dazu vier kleine Kivas und eine etwas größere in Gestalt eines Turms.

Mir scheint, dass jedes dieser »großen Häuser« in einer ganz bestimmten Weise vom in der Welt des Chaco Canyon üblichen Grundbauplan abweicht und quasi dessen Regeln bricht. Dadurch unterschieden sie sich alle auf sehr spezielle, kreative Weise voneinander.

Gleichzeitig wurden sie jedoch alle im selben architektonischen Stil erbaut.

Foto 20: Das Schild am Eingang zum modernen, kompakten Anasazi-Pueblo Kin Kletso, das ursprünglich 100 Räume und fünf Kivas besaß. Chaco Canyon, Neumexiko.

Als hätte der jeweilige Architekt jeder Neuschöpfung spielerisch etwas Neues hinzugefügt, das aus einem Dialog mit der natürlichen Umgebung entstand.

Der Baustil von Kin Kletso wirkt in seiner Schlichtheit seltsamerweise beinahe »modern«. Der Komplex ist sehr kompakt. Mich erinnert das Ganze an eine große, moderne dalmatinische Fähre, die für immer am Fuß der Felsenklippen verankert ist.

Diese Siedlung gehörte zu einem halben Dutzend neuerer Pueblos, die zwischen 1125 und 1130 im Canyon entstanden sind. Wie bei den anderen, kleineren Pueblos weist auch hier alles darauf hin, dass es nur eine einzige Generation lang bewohnt war: fünfundzwanzig Jahre. Warum hat man für einen so kurzzeitigen Gebrauch ein derart großes Bauvorhaben verwirklicht?

Zwei Schilder hängen am Eingang der Siedlung. Das erste warnt, dass es sich hier um einen heiligen Ort handelt: »Betreten Sie diesen Ort respektvoll.« Das andere weist auf den im

Vergleich zu Pueblo Bonito viel moderneren Baustil hin und drückt die Vermutung aus, dass Kin Kletso unter dem Einfluss der nördlicheren Anasazi-Gruppen entstand, die in den Tälern von Mesa Verde und Montezuma lebten.

Foto 21: Die zweistöckige, runde Kiva (der »Turm«) ist nach dem Sonnenlauf zur Zeit der Wintersonnwende ausgerichtet. Kin Kletso, Chaco Canyon, Neumexiko.

Ich stehe vor den teilweise restaurierten Wänden der runden, zweistöckigen Kiva. Ich habe den Eindruck, dass der Bau der gesamten Siedlung mit dieser Kiva begann. Von hier aus blickt man auf die Schlucht, die sich in den südöstlichen Klippen auftut. Durch diese Kluft im Hügel konnte man in den zwei Wochen vor der Wintersonnwende im Dezember die aufgehende Sonne beobachten. Am Tag der Wintersonnwende selbst war die Sonne nach ihrem Aufgang in der rechten Ecke der Schlucht sichtbar. Am Tag, der auf die Wintersonnwende folgte, konnte man die Sonne nicht mehr sehen.

In ein paar Minuten werde ich die Klippe hinauf klettern. Bevor ich aufbreche, hole ich mir einen neuen Film und frische Batterien für meine Kamera und lade Melvin ein, mich zu begleiten.

»Ich lasse Sie die Aussicht von der Gipfelebene des Canyons allein genießen«, lautet seine Antwort, genau wie ich es bereits erwartet hatte. »Ich mache es mir hier solange bequem.«

»Also, Melvin, was ist denn der Mensch eigentlich?«, frage ich leger, um unser Gespräch nahtlos fortzusetzen.

»Die Antwort ist ganz einfach«, antwortet er, als wären wir nie unterbrochen worden. »Für uns Seher sind die Menschen Lichtwesen. Unser Licht besteht aus den *Adlerstrahlen*, die in der Eiförmigen Hülse eingeschlossen sind, die wir Körper nennen. Das, was uns zu Menschen macht, sind diese *Strahlen*.«

»Können Sie dieses *Strahlen* in unseren Hülsen sehen?«, frage ich.

»Ja, die Seher sehen das *Strahlen* in jedem Lebewesen.«

»Sind die Strahlen so etwas wie Lichtstrahlen?«, frage ich weiter.

»Das wäre zu vereinfacht ausgedrückt. Es ist schwer zu beschreiben. Ich nehme das *Strahlen* als Lichtspiralen wahr. Für einen normalen Menschen ist das schwer zu begreifen, denn diese Spiralen sind bewusst und lebendig, und sie vibrieren.«

»Wie viele davon gibt es?«, will ich wissen.

»So viele, dass Zahlen in diesem Zusammenhang keine Bedeutung haben. Und außerdem ist jede Lichtspirale in sich eine eigene Ewigkeit.«

Ich frage mich, ob Melvin vielleicht Quantenphysik oder die Superstringtheorie oder die Einheitliche Feldtheorie studiert hat. Je länger ich mit ihm rede, desto stärker habe ich den Eindruck, dass er eine Lösung aller Problemstellungen unserer modernen Wissenschaft anspricht – wie eine allumfassende Erklärung für sämtliche natürlichen Phänomene aussehen müsste und wie eine solche Theorie zu definieren wäre, die sowohl elektromagnetische und atomare Energie als auch Zeit, Raum und alle unsichtbaren Dimensionen umfassen würde. Wo existiert das Lexikon, das all dies zusammenfasst? In der zehnten Dimension? Enthält es sämtliche Dimensionen des Kosmos?

Sind Melvins Lichtspiralen, die *Adlerstrahlung*, die Antwort auf alle Fragen, die unsere besten Köpfe je gestellt haben?

Haben die Anasazi-Seher in ihren bescheidenen Pueblos ohne Strom, Wasser, Computer oder Fernrohre die schöpferische Kraft des Kosmos gesehen, die sie *Adlerstrahlung* nannten, und sie mit ihrem ganzen Sein, also sowohl mit ihrem materiellen als auch mit ihrem spirituellen Organismus, wahrgenommen?

Ist dieser fünfundfünfzigjährige Pueblo-Indianer ein lebendiges Glied in einer Kette, die unsere Dimension und unsere begrenzte Menschenwelt mit dem kosmischen Schöpfer verbindet – oder mit dem *Adler*, wie er ihn nennt?

Wenn wir an die Adler der indianischen Mythologie denken, die uns in Tänzen, auf Bildern oder im Federschmuck ihres Kopfputzes oder ihrer Gewänder begegnen, dann vermuten wir vielleicht, dass es dabei lediglich um den Vogel geht. Aber ist das wahr? Mag sein, dass die tiefere Symbolik in den Hintergrund getreten ist, aber das heißt nicht, dass sie verloren ging.

Wie weit sind die Indianertänze, die in den heutigen Reservaten für Touristen aufgeführt werden, wohl in Wirklichkeit von jener universellen **Wahrheit** entfernt, an die sich die Medizinmänner mit Hilfe anschaulicher Geschichten über ihre Seher-Vorfahren auch heute noch erinnern?

Haben wir das Recht, **verächtlich** auf den »primitiven Glauben der Eingeborenen« herabzublicken?

Oder sollten wir uns nicht vielmehr bemühen, ihn als Ergebnis einer Suche zu erleben, das womöglich Antworten auf unsere kompliziertesten Fragen birgt?

8
Anasazi-Straßen

Chaco Canyon, Neumexiko

Nach einem steilen Aufstieg und mehreren engen Durchlässen befinde ich mich auf einem Pfad, der bis zur »Mesa«, der Hochfläche auf der Gipfelebene des Canyons, hinauf führt.

Vom Kamm der Klippe öffnet sich eine völlig neue Perspektive des Canyons, der Geometrie der Siedlungen und ihrer Verbindungsstraßen. Während ich dem uralten Pfad der Anasazi folge, wird mir die Weite und Offenheit der Chaco-Canyon-Welt immer deutlicher.

Ich klettere nun schneller, denn ich nähere mich dem letzten Ziel meines Besuchs im Chaco Canyon: der Klippe über Pueblo Bonito. Sechs Jahre lang habe ich auf diesen Augenblick gewartet – seit dem Tag, an dem ich stundenlang wie angewurzelt vor einer Nachbildung dieser uralten Stadt stand. Nun ist der Blick auf ihre harmonische, fast außerirdische Architektur schon fast in meiner Reichweite.

Es ist später Nachmittag, aber die Sonne steht noch immer hoch am Himmel. Das bedeutet, ich habe noch genug Zeit, mich in Ruhe hinzusetzen und die Eindrücke aus dem Tal unter mir aufzunehmen.

Foto 22: Blick von der darüber liegenden Mesa auf die Ruinen von Pueblo Bonito. Chaco Canyon, Neumexiko.

Zwanzig Minuten später kommt zum ersten Mal ein kleiner Teil von Pueblo Bonito in Sicht. Mit jedem Schritt erweitert sich der Ausblick. Gedanklich vergleiche ich meine ersten Eindrücke der Siedlung mit dem Bild, das sich nun unter mir ausbreitet. Die Ruinen der hohen Südwände sind inzwischen mit Holzbalken abgestützt, damit sie nicht einstürzen, was die perfekte Kreisform des Pueblos besonders deutlich hervorhebt. Das Innere der nun offenen Kivas ist voller Geröll und karger, staubiger Vegetation.

Ich ruhe mich auf der Klippe direkt über Pueblo Bonito aus. Unter mir liegt der Ausgangspunkt eines eindrucksvollen Straßennetzes. Von all den sichtbaren Wundern, die uns die Anasazi hinterlassen haben, ist dies vielleicht das größte.

Dass dieses Straßennetz seit achthundert Jahren nicht mehr benutzt und instand gehalten wurde, blieb nicht ohne Folgen.

Aus der Nähe sind die zehn Meter breiten, vollkommen planen Straßen, die so gerade verlaufen wie ein Laserstrahl, mit dem bloßen Auge nicht mehr zu sehen. Selbst von der Mesa aus kann ich sie nicht klar erkennen. Nur aus einem Flugzeug in 3.000 Metern Höhe kann man die Einschnitte in den Erdboden erfassen, die die Anasazi einst benutzten.

Foto 23: Blick von der Mesa auf die Kivas, den spirituellen und astronomischen Zentren von Pueblo Bonito. Chaco Canyon, Neumexiko.

Dieses Straßennetz mit seiner Gesamtlänge von über 800 Kilometern wurde erst durch die Avio-Archäologie, die Archäologie aus der Luft, entdeckt. Die Straßen gehen wie Strahlen von Pueblo Bonito aus und führen in direkter Linie nach Colorado, Arizona und in andere Gebiete Neumexikos.

Sie sind ein Wunder. Warum?

1. Diese Straßen entwickelten sich nicht aus Pfaden, die irgendwelche barfüßigen Eingeborenen benutzten. Vielmehr sind sie das Ergebnis sorgfältiger Planung und fortgeschrittener Straßenbautechnik. Ein Straßennetz von mehreren hundert Kilometern kann man nur bauen und instand halten, wenn man jederzeit Hunderte von »Vollzeitarbeitern« zur Verfügung hat. Das Problem ist jedoch, dass diese aberhundert Arbeiter schlichtweg nicht existierten. In diesem Canyon lebten ein paar hundert Familien, die genug damit zu tun hatten, einer unfruchtbaren Umgebung genügend Wasser und Nahrung abzuringen. Dazu kam noch der Bau eindrucksvoller Siedlungen, die nur einen Teil des Jahres bewohnt waren. Und auch der Transport der Baumstämme über mindestens sechzig Kilometer vom nächsten Wald bis hierher ist ein ganz eigenes Wunder. Woher nahmen sie also genügend Arbeiter, um zehn Meter breite Straßen zu bauen?

2. Diese Straßen entstanden ohne die Hilfe von Metallwerkzeugen. Und außerdem ohne Räder, ohne Wagen. Und ohne Zugtiere.

3. Die Straßen gleichen sich nicht an die geografischen Gegebenheiten an. Sie haben keine Kurven, keine Serpentinen, sie winden sich nicht um Hindernisse herum. Wenn eine Klippe im Weg steht, geht die Straße in direkter Linie weiter, hinauf auf die Mesa, über sie hinweg und auf der anderen Seite wieder hinunter. Man kann heute noch die Überreste von Einkerbungen sehen, die in die Klippen geschlagen wurden, um Händen und Füßen Halt zu geben.

4. Es gibt im Umkreis von hundert Kilometern keine anderen Anasazi-Siedlungen. Die nächsten liegen weit entfernt im Nordwesten Neumexikos. Wozu haben sie also zehn Meter breite Straßen gebaut? (Und, noch einmal: Wie

haben sie die Straßen in diesem riesigen und ungeschützten Gebiet instand gehalten?)

5. Wohin führen diese Straßen? Etwa zu anderen Anasazi-Siedlungen? Nein! Die meisten enden zwischen fünfzig und hundert Kilometer von Pueblo Bonito entfernt und sind nicht mit anderen Siedlungen verbunden. Wozu diente ein solch gigantisches Projekt, wenn es keine erkennbare ökonomische Funktion erfüllte?

Foto 24: Blick auf Chaco Canyon, dem Ausgangspunkt der geheimnisvollen, strahlenförmigen Anasazi-Straßen.

6. Um die Straßen glatt und eben zu machen, senkte man sie fünf bis zehn Zentimeter tief in den Boden. Dieser bestand teils aus Felsen, teils aus Erde. An den Straßenrändern häufte man niedrige Wälle aus Steinen oder Erde auf.

7. Als sei das alles noch nicht genug, beschlossen die Anasazi auch noch, an gewissen Stellen mehrere Straßen nebeneinander

zu bauen. Sowohl neben der »Nordstraße« als auch der »Südstraße« verlaufen vier weitere Straßen. Sie sind knapp vierzig Meter voneinander entfernt und exakt parallel.

8. Anhand von Keramikfunden und anderen Artefakten hat man festgestellt, dass diese Straßen zwischen 1050 und 1100 entstanden sind. Alle innerhalb derselben, relativ kurzen Zeitspanne. Nach 1100 hat man sie nie wieder benutzt.

Erste archäologische Hypothesen sprachen von Handelsstraßen. Als man aber herausfand, dass die überwiegende Mehrheit dieser Straßen nicht einmal an anderen Siedlungen vorbeiführte und dass sie völlig unlogischerweise Klippen in gerader Linie überwinden, um ihre exakte Richtung beizubehalten, verwarfen ernsthafte Archäologen diese Theorie.

Die nächste Schlussfolgerung war, dass die Straßen zu Quellen führten, da Wasser die wichtigste natürliche Lebensgrundlage ist. Aber auch diese Idee hat sich nicht bewahrheitet.

Das Einzige, was diese Straßen gemeinsam haben, sind die kleinen Steinhäuser, Tempel oder Steinkreise, die sich an ihrem jeweiligen Ende befinden. Dies brachte die Archäologen auf den Gedanken, die Straßen hätten eine »zeremonielle, religiöse« Funktion gehabt.

Immer, wenn Historiker und Archäologen vor einem Rätsel stehen, greifen sie zu ihrem Lieblingsbegriff: »zeremoniell«. Wenn sie die Kivas und ihren Zweck im spirituellen Leben der Anasazi zu erklären versuchen, sprechen sie von der »zeremoniellen Funktion der Kivas«.

Oder sie sagen, sie hätten denselben Zweck erfüllt wie die heutigen »Kirchen«.

Deshalb sprechen sie auch bei der unerklärlichen Funktion dieser Straßen von einer »zeremoniellen Bedeutung«!

Was in aller Welt soll das heißen?

Es ist ein Nachmittag im Juli, die Temperatur beträgt um die 30 Grad, die Luftfeuchtigkeit ist sehr niedrig, und über das Hochplateau der Mesa weht eine leichte Brise. Sehr angenehm. Ich halte zwei dreieckige Scherben dunkler Anasazi-Keramikgefäße in den Händen. Ich spähe über den Canyon hinaus.

Und dann werden die Bilder allmählich immer schärfer und ergeben einen Sinn. Die reine Luft hat meine Gedanken geklärt.

Vor zweihundertdreißig Jahren gab ein Spanier namens de Miera diesem Canyon den Namen »Chaco Canyon«. Dies war die Übersetzung des Navaho-Wortes *Tzak aih*, das »Bänder aus weißen Steinen« bedeutet. Bänder, oder Stränge – englisch *strings*, genau wie im Namen der Superstringtheorie, die heute behauptet, alle natürlichen Phänomene erklären zu können. Die Wortwurzel »Chako« könnte auch mit »Chaka« oder »Chakra« verbunden sein.

Chaco Canyon war das Herz der Anasazi-Welt. Er war das »Energiechakra«, aus dem die Energie in alle Richtungen floss.

(Wie ich mich erinnere, sprach die Unterschrift unter einer Luftaufnahme von einer »Aureole« um den Canyon.)

Energieströme fließen auch unterhalb der Oberfläche. Da, wo sie sich kreuzen, sind besondere starke Kraftorte. Zu ihnen gehören Teotihuacan in Mexiko, Machu Picchu in Peru, Gise in Ägypten, Stonehenge in England, Tibet ...

Im Südwesten Englands markierten die Nachkommen der Atlanter die unterirdischen Energieströme, indem sie auf der Erdoberfläche ein korrespondierendes Straßennetz erbauten.

Außerhalb dieser Dimension ist es unmöglich, die Nazca-Linien in Peru zu begreifen, die sich über Hunderte von Kilometern hinziehen. Diese vollkommen geraden Straßen wurden vor Tausenden von Jahren durch die steinige Wüste gezogen. Erst kürzlich konnte das Energiepotenzial der Nazca-Linien nachgewiesen werden.

Auch durch die Welt der Maya in Mittelamerika ziehen sich trotz des schwierigen Terrains exakte, schnurgerade Straßen. Wenn die Maya diese Straßen benutzten, an deren Ende sich manchmal eine Stadt oder ein Tempel befand, folgten sie den Energielinien der Erde und bewiesen dadurch ihren Respekt für und ihr Wissen um unseren Planeten.

Und dasselbe finde ich nun hier, in der felsigen Welt der Anasazi. Wieder diese zehn Meter breiten Straßen, die über Hunderte von Kilometern hinweg schnurgerade verlaufen und eine Art spirituelles Informationsnetzwerk der unterirdischen Energielinien verdeutlichen.

Ob die Anasazi-Seher wohl mit den Maya und den spirituellen Nachfahren von Atlantis kommunizierten? Vielleicht fand zwischen ihnen ein Austausch statt, der die Grenzen von Zeit und Raum transzendierte?

Offenbar liegt die Antwort bereits in der Frage verborgen.

Ich bin zufrieden. Ich berühre die Steine, über die meine fernen Vorfahren wandelten. Hier, auf dieser Mesa, spielten die Kinder der Anasazi, und die Erwachsenen betrachteten während der Hochblüte ihres irdischen Lebens den Sonnenuntergang.

Es ist Zeit für mich, zurückzukehren. Lächelnd sehe ich mich um. Und dann verlasse ich diesen heiligen Ort.

Während die Sonne untergeht, rekapituliere ich gedanklich noch einmal meine Begegnung mit dem Phänomen Chaco Canyon. Die Antworten auf die Fragen über die baulichen Fähigkeiten der Anasazi und den Zweck ihrer Straßen, Kivas und Pueblos finden sich nicht hier, in dieser Dimension.

Foto 25: Abend über der Mesa im Chaco Canyon, Neumexiko.

All jene Fragen, die mit einem »wie« beginnen (wie transportierten sie Hunderttausende von Bäumen sechzig Kilometer weit, wie stellten sie Millionen von Bausteinen für ihre Siedlungen her, wie konnten sie ein so eindrucksvolles Straßennetz bauen und so weiter), lassen sich nur beantworten, wenn man die Kommunikation berücksichtigt, die zwischen den Anasazi-Sehern und den Sehern der alten Zivilisationen von Mexiko, Peru und England bestand.

Diejenigen Fragen, die mit einem »warum« beginnen (warum errichteten sie Städte, die nur zwei Jahrzehnte lang bewohnt wurden, warum bauten sie Straßen inmitten einer endlosen Wildnis, warum sind sie verschwunden und so weiter), werden ihre Antworten ebenfalls in einem Erfahrungsaustausch mit spirituellen Führern älterer Zivilisationen finden.

Plötzlich halte ich inne. Und dann frage ich mich: »Warum sollten sie sich eigentlich darauf beschränken, lediglich mit früheren Zivilisationen zu kommunizieren?«

In diesem Augenblick erinnere ich mich an ein Gespräch mit Melvin. Zwei Mal hat er mir etwas sehr Rätselhaftes gesagt. Beim ersten Mal erwähnte er verborgene Tunnels durch den Canyon, und beim zweiten Mal sprach er von einer Expedition der Seher in die Vergangenheit und in die Zukunft.

Ich habe gelernt, dass Gedanken nicht zufällig entstehen.

Vielmehr sind sie eine Art Hinweisschild.

9
Aztec

Aztec, Neumexiko

Chaco Canyon liegt hinter mir. Wieder fahre ich eine staubige Straße entlang. Mein Ziel ist der Nordwesten von Mexiko. Ich fahre nach Aztec, und Melvins Ziel ist Farmington. Zwei Stunden Fahrt liegen vor uns. In dieser Zeit kann ich noch viel lernen, denke ich bei mir. Aber wer weiß, wie viel ungesagt bleiben wird. Melvin ist für mich eine echte Wissensquelle.

»Melvin, Ihre Erklärung der Natur ist den Konzepten der führenden modernen theoretischen Physiker sehr ähnlich. Eins ihrer Konzepte ist die Superstringtheorie, bei der es um gewaltige Energiestränge geht, und sie hoffen, damit alle Prozesse im Universum erklären zu können, einschließlich der Grundstruktur aller Lebewesen. Ihre Seher und die Physiker sind also zu demselben Schluss gekommen – die Seher auf dem Weg der Astralprojektion und durch Reisen in verschiedene Dimensionen und die Physiker durch Kalkulationen, Instrumente und Labors. Die Ausgangspunkte und Methoden sind verschieden, aber beide ziehen dieselben Schlüsse.«

»Die Schlüsse und Erklärungen, von denen Sie sprechen, sind das Ergebnis einer Versöhnung ... zwischen den *Adler-*

strahlen beziehungsweise den Energiefasern ... innerhalb und außerhalb der menschlichen Hülle«, überlegt Melvin geheimnisvoll.

»Melvin, manchmal glaube ich, dass ich verstehe, was Sie meinen, und dann überraschen Sie mich im nächsten Moment wieder mit einem neuen Konzept. Können Sie mir erklären, was Sie mit ›Versöhnung zwischen den Energiefasern innerhalb und außerhalb der menschlichen Hülle‹ meinen?«

»Die Seher sehen den Menschen so, wie er wirklich ist. Als ein Wesen aus fast weißem Licht. Als eine Hülle, die mit unzähligen *Adlerstrahlen* gefüllt ist. Genau so, wie ein Ballon mit mikroskopisch kleinen Energiefasern gefüllt ist. Und die Seher sehen die *Adlerstrahlen* auch außerhalb der menschlichen Hülle, und diese sind heller als diejenigen, die sich innerhalb des Menschen befinden. Die Fasern im Inneren der Hülle werden durch die Fasern außerhalb der Hülle erhellt. Sie werden von ihnen angezogen.«

»Also sind die Energiefasern innerhalb unserer Hülle dunkler als die Fasern außerhalb und ihnen in gewisser Hinsicht unterlegen?«, denke ich laut nach.

»Hören Sie weiter. Wir Seher sehen, wie sich die inneren Fasern an die äußeren anbinden. Und ihre Konzentrationsrichtung bestimmt das Bewusstsein des Lebewesens.«

»Melvin, ich finde, das hört sich an wie eine abstrakte Erklärung des Bewusstseins«, stelle ich fest.

»Sie müssen wissen, dass die äußeren Fasern einen bestimmten Druck auf die inneren Fasern ausüben. Dieser Druck bestimmt, welche Bewusstseinsebene ein Lebewesen besitzt«, erklärt Melvin.

Einmal hat er auch erwähnt, dass alle Lebewesen nur begrenzten Zugang zum Wissen haben, fällt mir nun wieder ein.

In meinem Kopf entsteht das Bild eines Menschen, dessen Inneres mit Energiefasern angefüllt ist wie mit winzigen Fischen. Und diese Fische sind im Halbdunkel und sehen begierig nach außen. Und rund um sie herum ist das helle Licht der *Adlerstrahlung*, undurchdringlich und perfekt, durch das sich das gesamte Wissen des Kosmos bewegt.

Mir scheint, wir Menschen müssen uns Dinge bildlich vorstellen, damit wir leichter verstehen können, was man uns sagt. Und die Grenzen der von uns geformten Bilder sind zugleich die Grenzen unseres Bewusstseins.

Aus Melvins Denkweise schließe ich, dass ein Teil des kosmischen Bewusstseins, das er *Adlerstrahlung* oder Energiefasern nennt, in der menschlichen Hülle gefangen ist. Abgeschnitten von seiner Quelle, verliert dieser Teil den Zugang zur Zirkulation des Wissens und wird minderwertig. Er wird ... menschlich. Und dann bemüht er sich auf mentalem und spirituellem Weg, sich wieder an die Perfektion anzunähern.

Natürlich können wir uns nun fragen: »Was ist denn der Sinn dieses ganzen Prozesses?« Ich bin sicher, die Anasazi haben sich dasselbe gefragt. Angesichts der Begrenztheit unserer Hülle fanden sie es unnötig, die Spezies weiterzuführen, und beendeten die irdische Mission ihrer Zivilisation.

»Melvin, sagen Sie mir eines. Sie haben die Harmonisierung der Energiefasern erwähnt. Wie findet dieser Prozess statt?«, frage ich.

»Die vielleicht größte Errungenschaft der Seher war ihre Fähigkeit, die menschliche Hülle zu manipulieren. Das Bewusstsein ist eng mit der Hülle verbunden – die Seher sahen sogar, dass das Bewusstsein innerhalb der menschlichen Hülle betont wird. Das Bewusstsein befindet sich in den helleren Gebieten unserer Hülle. Die Seher stellten fest, dass das Bewusstsein ein schmaler, senkrechter Lichtgürtel ist, der sich innerhalb unserer Hülle ganz rechts befindet. Dieser Lichtgürtel erstreckt sich über die ganze Länge der Hülle ...«, erläutert Melvin.

»Von Kopf bis Fuß?« Ich versuche, mir das bildlich vorzustellen.

»Genau. Und die Anasazi-Seher besaßen die Fähigkeit, diesen Lichtgürtel, beziehungsweise unser Bewusstsein, von seiner ursprünglichen Position wegzubewegen, zum Beispiel näher an die Oberfläche der Hülle oder tiefer ins Innere hinein ... Sie konnten den Lichtgürtel sogar aus der senkrechten in eine waagerechte Position bringen!«, schließt Melvin.

Diese Vorstellung ist mir vollkommen neu. Die Anasazi haben unsere energetische Struktur manipuliert!

Dazu fallen mir meine Erfahrungen mit den Maya ein. Für sie besaßen der Körper und die natürlichen Prozesse unterschiedliche Frequenzen. Sie lernten, diese Frequenzen zu manipulieren, und konnten dadurch ans andere Ende der Galaxis oder durch die Dimension der Zeit reisen.

Auf diese Weise, überlege ich, definieren wir die spirituelle Dimension des Menschen. Wir sind mit den Begriffen des spirituellen Wachstums oder der geistigen Entwicklung vertraut und hören sie häufig von Politikern und Pädagogen. Tausende von Menschen benutzen sie im Zusammenhang mit hohlen religiösen Riten. Aber in Wirklichkeit besteht die Spiritualität des Menschen darin, zur Quelle seiner kosmischen Natur hinabzutauchen und dieses Wissen zu manipulieren.

Die Sonne ist hinter dem Horizont Neumexikos verschwunden. An der Kreuzung in Bloomfield sehen wir die Lichter von

Farmington. Nur noch fünfzehn Minuten Fahrt, dann erreichen wir Melvins Reiseziel. Melvin holt das Foto eines Pueblo-Indianers heraus und erklärt:

»Unsere Tradition, Regen herbeizurufen und die Fruchtbarkeit der Erde zu beschwören, ist Jahrhunderte alt. Ihre Wurzeln liegen in den Erfahrungen, die unsere Vorfahren, die Anasazi, gemacht haben.«

Mit gedämpfter Stimme singt er einige Refrains.

»Möge der Himmel sich mit Wolken bedecken ... Möge Donner auf der Erde gehört werden ...«

Ich betrachte das Foto. »Was bedeutet die rote Krone?«, frage ich.

»Das sind Papageienfedern. Und die Muscheln am Gürtel stammen aus dem Pazifik. Wenn wir tanzen, schlagen wir rhythmisch auf den Boden, um die Geister zu wecken. Nach der Zeremonie werfen wir immergrüne Zweige in den Fluss, um die Shivanen, das Volk der Wolken, zu erfreuen.«

Und das war das Letzte, was Melvin zu mir sagte. Warum beendete er unsere Begegnung mit der Erwähnung des mythischen Wolkenvolkes, das den Regen bringt? Um noch einmal zu betonen, dass alles um uns herum sich irgendwo zwischen Wirklichkeit und Illusion befindet?

Es war an einem Sonntagmorgen 1881. Der Lehrer machte mit seinen Schülern einen Ausflug, um ein Schulprojekt zu verwirklichen. Sie wollten die nahen Ruinen untersuchen, die völlig mit Gras und Gestrüpp überwuchert waren. Die kleine Gruppe schaffte es, ein Loch in die dicke Nordwestmauer zu schlagen und auf Händen und Füßen in den dahinter liegenden Raum zu kriechen. Zuerst wollte ihre Kerze gar nicht brennen. Es war Jahrhunderte her, seit zuletzt frische Luft in diesen Raum gedrungen war. Endlich war genug Sauerstoff im Raum, und die Kerze ließ sich anzünden. Im schummrigen Licht machte die Gruppe Objekte auf dem Boden aus: Keramikvasen, Sandalen, ein Kleidungsstück aus Baumwolle, Muschelschalen, Steinwerkzeuge. An einer Wand lehnte ein Skelett. Die vertrockneten Sehnen hielten die Knochen immer noch zusammen. Es schien, als würde das Skelett sie ansehen. Einige Schüler bekamen Angst und wollten wieder hinaus, aber der Lehrer überzeugte sie davon, zu bleiben. Jemand schrie, er hätte in einem Haufen auf dem Boden ein weiteres Skelett gefunden.

Foto 26: Ein Pueblo-Indianer beim Regentanz, um die Fruchtbarkeit der Erde heraufzubeschwören. Die Wurzeln dieser Tradition liegen in den Erfahrungen der Anasazi.

Als die Teilnehmer dieses »Schulforschungsprojekts« nach Hause zurückkehrten, geriet der ganze Ort in helle Aufregung. Von diesem Tag an gab es an jedem Wochenende neue Entdeckungen, und die uralten Steinmauern erlagen dem Angriff von Schatzsuchern, die nach alten Kunstwerken suchten.

Fünf Jahre davor, im Jahr 1876, waren die ersten angloamerikanischen Siedler im Flusstal von El Rio De Las Animas Perdidas (»Fluss der verlorenen Seelen«) angekommen. Bald kürzten sie den Namen ab und der Ort hieß nun einfach Animas (Seelen). Damals war das bekannteste einschlägige Buch William H. Prescotts *Die Eroberung Mexikos*, in dem er die Eroberung der aztekischen Zivilisation Mexikos durch Hernán Cortéz beschreibt. Die abenteuerlustigen Siedler gaben deshalb den Ruinen den Namen »Aztec«, denn sie glaubten fälschlicherweise, nur die fortschrittliche Kultur der Azteken hätte eine so eindrucksvolle Stadt bauen können.

Natürlich stellte sich später heraus, dass sie sich geirrt hatten. Nicht die Azteken, sondern die Anasazi hatten diese Siedlung gebaut. Sie entstand Jahrhunderte vor dem Auftauchen der Azteken in den Tälern Mexikos. Dennoch blieb der Name hängen und übertrug sich auch auf eine kleine Stadt, die in der Nähe entstand. Diese falsche Auffassung herrscht heute noch, wie man an der Tatsache sieht, dass der inzwischen entstandene Nationalpark »Aztec Ruins National Monument« heißt.

1859 besuchte der Geologe John Newberry die gut erhaltenen Ruinen mit ihren dreistöckigen, acht Meter hohen Mauern und unberührten Räumen. Zugleich mit der Ankunft der Weißen begann der Vandalismus: Alles Wertvolle verschwand aus den Zimmern und sogar aus den Wänden selbst. Fünfzig Jahre später begann Earl Morris, ein ortsansässiger Archäologe, mit archäologischen Ausgrabungen, die 1934 in der Rekonstruktion der großen Kiva gipfelten. Dies war die einzige rekonstruierte Kiva der Anasazi-Welt.

Foto 27: Nachbildung des Pueblos, dem die angloamerikanischen Siedler den Namen »Aztec« gaben, weil sie dachten, die Azteken hätten es gebaut.

Mit ihren 7.000 Einwohnern ist die kleine Stadt Aztec nicht gerade besonders aufregend, aber für mich ist sie aus zwei Gründen sehr spannend.

Erstens zerschellte Ende März 1948 laut Aussage vieler Zeugen etwa zwanzig Kilometer vom Stadtzentrum entfernt ein außerirdisches Raumschiff an den Klippen über dem Fluss Animas. Der zerstörte Antrieb des Raumschiffs stürzte in den Hart Canyon. Die Luftwaffe der Vereinigten Staaten wurde verständigt, und Spezialeinheiten riegelten das Gebiet ab. Sie fanden das Schiff sowie vierzehn Leichen und brachten sie zum

Luftwaffenstützpunkt Wright Field (heute Wright Patterson). Die amerikanische Regierung kaufte das Land auf, auf dem sich der Unfall ereignet hatte, und auch heute noch hindert ein Schutzzaun alle Neugierigen daran, das Terrain zu erkunden. Die ortsansässige Bibliothekarin Leanne Hathcock ist aktives Mitglied im örtlichen UFO-Club und hält sämtliche Daten auf dem neuesten Stand. (Nähere Informationen unter: http://www.ufoevidence.org/cases/case879.htm.)

Foto 28: Die westlichen Ruinen von Aztec (ein irreführender Name): einst ein eleganter, dreistöckiger Gebäudekomplex mit 450 Räumen und 24 Kivas. Aztec, Neumexiko.

Ich fahre die Hauptstraße entlang. Es ist Samstagmorgen. Rechter Hand liegt der UFO-Club. Auf der anderen Straßenseite befindet sich ein bescheidenes Museum über die Kultur der Anasazi. Hier wird der Hopi-Name der Anasazi benutzt: *Hisatsinom*.

Ich frage mich, ob es Zufall ist, dass die beiden Schilder einander genau gegenüber stehen. Ich wünschte, Melvin wäre hier, dann könnte ich ihn fragen, ob es eine Verbindung zwischen den geheimnisvollen Anasazi und dem kosmischen Raumschiff gibt.

Foto 29: Die Dachkonstruktion in der Westruine. Aztec, Neumexiko.

Ich erreiche den Parkplatz vor der Ausgrabungsstätte. Es gibt nur fünfzehn Parkplätze, woraus ich schließe, dass es sich um keine besondere Touristenattraktion handelt, auch wenn der Ort seit 1985 ein geschütztes historisches Denkmal ist.

Drei »große Häuser« stehen hier nebeneinander, und nur eins davon, das westlich gelegene, wurde bereits ausgegraben und steht unter Denkmalschutz. Es handelt sich um ein dreistöckiges Gebäude mit etwa 450 Zimmern, vierundzwanzig Kivas und einer großen, zylindrischen Kiva in der Mitte des Hauptplatzes. Die Form des Pueblos ist eine Mischung aus einem großen »D« und einem großen »E«.

Die beiden anderen Ruinen (die »Ostruine« und die »Earl Morris Ruine«) sind von ähnlicher Größe und haben sogar noch größere Kivas. Sie sind bisher nicht ausgegraben, weil es an Geldern für ein so ehrgeiziges Projekt und die Instandhaltung fehlt. Deshalb hat man sie unter der Erde belassen.

Ich erkenne den architektonischen Stil. Er entspricht exakt der zweiten Bauphase im Chaco Canyon. Flach zugehauene Bausteine, kleinere Steinblöcke. Einen Meter tiefer hat man eine Reihe grüner Steinziegel eingebaut. Aus der Ferne bilden sie einen unübersehbaren, grünen Gürtel, der sich um die Mauern des Komplexes zieht.

Ich gehe zur nordwestlichen Ecke der Siedlung, wo damals die »Schulexpedition« begann. Die Originalräume sind völlig zerstört und später wieder aufgebaut worden, aber jetzt weisen sie nicht mehr den ursprünglichen, kompakten Stil des Gebäudes auf. Dennoch lasse ich mich davor fotografieren.

Nun wollen wir doch einmal sehen, was an diesem kleinen Ort so besonders ist!

Foto 30: Der Autor vor der nordwestlichen Ecke der Anasazi-Ruinen in Aztec, Neumexiko.

10
Die große Kiva

Aztec, Neumexiko

Eine Gruppe Anasazi war im Tal geblieben. Sie fanden, dass es hier genügend Sonne, Wasser und Grün gab, und nannten den Platz »Ort neben dem fließenden Wasser«. Von nun an sollte dies ihr Land sein. Bald kamen auch Älteste ins Tal. Jeder Clanführer brachte einen Stein mit, der seine Familie symbolisierte, und diese türmten sie auf der Lichtung auf, die die Mitte der geplanten Siedlung bilden würde. Sie streuten Maiskörner über den Steinhaufen und sprachen gemeinsam ein lebensspendendes Gebet, und mit ihrem Atem segneten sie symbolisch die Geburt der neuen Gemeinschaft.

Es war das Jahr 1106. Die ersten Baumstämme waren bereits getrocknet und wurden an den »Ort neben dem fließenden Wasser« transportiert. Drei weitere Jahre sollten vergehen, bevor der Bau des »großen Hauses« begann. 1111 waren die eindrucksvollen, drei Stockwerke hohen Mauern fertig, die mehr als 400 Räume, zwei Dutzend Kivas, eine große Kiva und ein kreisförmiges Labyrinth mit einer Kiva in der Mitte einschließen sollten. Von ihren bisherigen Ansiedlungen hatten die Anführer mehrere Körbe voll Erde mitgebracht, die sie mit Wasser vermischten, worauf sie den Schlamm in die Wände des neuen Gebäudes einmauerten: ein Symbol dafür, dass die Gemeinschaft kontinuierlich weiter bestand.

Und so wurde das neue Zentrum der Anasazi-Welt geboren.

Foto 31: Modellansicht der Ruinen mit ihren 400 Räumen, 24 Kivas und einer großen Kiva. Aztec, Neumexiko.

Das neunhundert Jahre alte Holz, das beim Bau der äußeren Stützmauer verwendet wurde, ist inzwischen geborsten. Ich fahre mit der Hand über die raue Oberfläche. Daneben sehe ich eine Reihe verblasster, grünlicher Steinziegel.

Laut Theorie der Archäologen war Aztec eine Art Außenkolonie von Chaco Canyon. Es wurde Anfang des 12. Jahrhunderts gebaut, als Chaco Canyon seine Blütezeit erreicht hatte. Fünfundsiebzig Jahre später wurden die Türen des »großen Hauses« von Aztec verschlossen, und die Anasazi verschwanden spurlos – diese Schließung geschah genau zum selben Zeitpunkt wie die der Siedlungen im 100 Kilometer weiter südlich gelegenen Chaco Canyon.

Foto 32: Hölzerner Stützbalken aus dem Jahr 1111 in den Mauern der Westruine. Aztec, Neumexiko.

Die Frage, die dieser offiziellen Behauptung widerspricht, ist jedoch, warum die Anasazi eine so eindrucksvolle Siedlung dermaßen weit von ihrem eigentlichen Heim entfernt gebaut haben sollten. Vielleicht als »neue Hauptstadt«, in die sie im Laufe der Zeit umsiedeln würden? Da diese Stadt aber genau zum selben Zeitpunkt verlassen wurde wie Pueblo Bonito und die anderen Pueblos im Chaco Canyon, scheint mir die Idee eines »neuen Zentrums« absolut keinen Sinn zu ergeben.

Vorerst bleibt diese Frage unbeantwortet.

Vielleicht liegt das Problem in der Fragestellung selbst? Für unsere Denkweise mag sie stimmig sein, aber wer sagt denn, dass die Anasazi genau so dachten wie wir?

Bei diesen Überlegungen fällt mir natürlich wieder Melvin ein. Er ist nun in Farmington, dreißig Kilometer von hier entfernt. Das ist die Heimatstadt von Ann Seiferle-Valencia, dem Mitglied einer Gruppe von Teenagern, die vier Jahre lang an diesem Anasazi-Projekt gearbeitet hat. Sie hat die Maiskörner analysiert, die in den hiesigen Ruinen gefunden wurden, und festgestellt, dass die Anasazi eine neue Maiskreuzung gezüchtet hatten. Diese veredelte Pflanze haben sie dann im Chaco Canyon, dem Mittelpunkt ihrer Zivilisation, gepflanzt.

Im Erdgeschoss sind die Mauern etwa einen Meter dick. Typisch für die Bauweise der Anasazi. Am verlängerten Westwall befindet sich ein separater Geröllhaufen, und ich erkenne die Fundamente von drei kreisförmigen Mauern. Ich erinnere mich, im Chaco Canyon in Pueblo del Arroyo genau dasselbe Stilelement gesehen zu haben: drei ineinander liegende, kreisrunde Mauern. Hier sind die Mauern jedoch besser erhalten, und dadurch bestätigt sich, dass es sich tatsächlich um ein Labyrinth handelte, was ich in Pueblo del Arroyo nur vermutete. Die Querwände trennten im Inneren der Kreise eine Reihe von Zimmern voneinander ab: im inneren Ring acht Zimmer, im äußeren vierzehn. Die äußeren Zimmer waren durch Korridore zugänglich, die inneren umringten den kreisrunden Mittelraum. Die Kiva. Der Ort der Zusammenkünfte und der spirituellen Reisen.

In der Welt der Anasazi hat man insgesamt nur vier solcher Labyrinthe mit einer Kiva in der Mitte gefunden. Drei von den vier befinden sich hier. Was bedeutete diese Siedlung innerhalb des spirituellen Umfelds der Anasazi?

Man hat das bereits ausgegrabene Labyrinth wieder mit Erde bedeckt, angeblich, weil die Instandhaltung zu teuer gewesen wäre. Zwei weitere, sogar noch umfangreichere Labyrinthe wurden noch nicht ausgegraben. Wie ist es nur möglich, dass das reichste Land der Welt so wenig Interesse an seinem eigenen archäologischen Erbe hat?

Der Archäologe Earl Morris kam in dieser Gegend zur Welt, wuchs hier auf und verbrachte als junger Mann fünf Jahre (1916 bis 1921) mit intensiven Ausgrabungen der Ruinen um Aztec. 1934 begann ein zwei Jahre dauerndes Restaurationsprojekt, bei dem die große Kiva komplett rekonstruiert wurde. Sie ist auch heute noch die einzige vollständig restaurierte Anasazi-Kiva.

Foto 33: Der Autor in der einzigen vollständig restaurierten Kiva der Anasazi-Welt (1934). Aztec, Neumexiko.

Wenn man sich dieses Rekonstruktionsprojekt vor Augen führt, begreift man erst, wie viel Organisation, Arbeit und Material die Anasazi in ihre Gebäude investierten.

Man betritt die Kiva durch einen Vorraum. Er wird von einer riesigen Steinplatte dominiert, die wie ein Thron wirkt. Hat man den Vorgängen und Zeremonien in der Kiva von diesem Platz aus zugesehen?

Der Boden der Kiva liegt drei Meter tiefer als der Erdboden. Sie hat einen Radius von sechzehn Metern. Rings um den ganzen Raum verläuft eine Steinbank. Fünfzehn Erdgeschoßzimmer blicken auf diesen zentralen Raum. Jedes hat einen Ausgang zum Hauptplatz. Welchem Zweck sie dienten, wissen wir nicht. Als ich eins davon betrete, ist mein erster Gedanke, dass jedes Zimmer vielleicht einem anderen Clan beziehungsweise einer anderen Großfamilie gehörte. Vielleicht kamen die Clanführer im Hauptsaal zusammen, während die übrigen Familienmitglieder die Riten aus einiger Entfernung von den kleineren, erhöhten Räumen aus verfolgten.

In der Kiva stehen vier massive Säulen, die das 95 Tonnen schwere Dach trugen. Die Säulen ruhen auf vier Steinplatten aus Granit, die man aus 70 Kilometern Entfernung hergeschafft hatte. Ursprünglich waren die Wände rot und weiß gestrichen.

Ich sehe in jedes Zimmer hinein. Ich berühre die Wände, untersuche die Eingänge. Ich gehe durch alle Räume. Allmählich vervollständigt sich das Bild, das ich mir im Chaco Canyon mit all seinen Kivas gemacht habe. Ich spüre, dass ich der Atmosphäre der Anasazi einen Schritt näher gekommen bin.

Die Anasazi feierten das Geheimnis des Lebens. Sie sangen uralte Lieder, im Rhythmus ihrer Trommeln ... und ihrer Herzen. Sie tanzten zu Ehren der Tiere und Pflanzen, mit denen sie diesen Lebensraum am »Ort neben dem fließenden Wasser« teilten. In ihren Ritualen versetzten sie sich in die Schwingung der Mutter Erde selbst. Sie glaubten, dass ihr Leben und ihre Interaktionen ein Spiegel der kosmischen Harmonie sein sollten. Sie verfolgten die Pfade der Sonne, des Mondes, der Planeten und der Konstellationen, weil die Himmelskörper ein Teil ihrer Legenden waren, durch die sie ihre eigenen Ursprünge verstanden.

Das Eintauchen in die Tiefe der eigenen Seele regte die Anasazi dazu an, »sich an das Erinnern zu erinnern« und nicht zu vergessen, wer sie waren, woher sie kamen und in welcher Wechselbeziehung sie zu ihren Ahnen und zur Mutter Erde standen.

Foto 34: Die große Kiva hat einen Radius von 16 Metern. Die das Dach tragenden Säulen ruhen auf vier unterirdischen Granitscheiben. Aztec, Neumexiko.

Alle Bewohner treten auf den Hauptplatz und bilden dort einen Kreis. Im selben Augenblick, in dem die Sonne über dem Rand des Horizonts erscheint, kommen die Trommler aus der Kiva. Von den Dächern beginnen die Zeremonien-Herolde ihren Ruf: »Sie kommen, die Wolken und der Regenbogen, der Hirsch und der Büffel, der Mais – sie kommen alle!«

Einer nach dem anderen kommen die Tänzer aus der Kiva. Auf dem nach Osten gewandten Platz begrüßen sie die Sonne und formieren sich zum Tanz: Männer und Frauen in zwei lebendigen Ketten. Zunächst sanft, geben die Trommler einen Rhythmus vor und singen das Lied des Lebens. Die Männer in ihrer Baumwollkleidung, geschmückt mit bunten Federn und Muscheln am Gürtel, bewegen ihre Körper im Rhythmus der Trommeln, und beim Heben und Senken ihrer Füße trommeln sie ihren eigenen, lebendigen Pulsschlag auf die lebendige Erde.

Die Frauen in ihren zeremoniellen Umhängen bewegen die Füße elegant und sanft – im weiblichen Rhythmus, aus dem das Leben selbst schöpft, aus dem neues Leben entsteht und durch den es erhalten wird ...

Dann tanzen Männer und Frauen gemeinsam und fordern alle Anwesenden dazu auf, sich an das Erinnern zu erinnern, sich ins Gedächtnis zu rufen, woher sie stammen, und sich mit ihren Vorfahren zu verbinden. Anschließend ziehen sich die Anführer in die große Kiva zurück, jenem Symbol des ersten Hauses, das die Anasazi bauten, nachdem sie aus den Tiefen der Erde an die Oberfläche gekommen waren. In der Kiva werden die Anführer die Erinnerung an die allererste Geschichte wieder wachrufen. Die Kiva ist das Zentrum des Kosmos, der Nukleus der sechs heiligen Richtungen und der Ort, an dem die Anasazi spirituell wieder mit ihren Ahnen verbunden sind ...

Foto 35: Das Dach der großen Kiva wog 95 Tonnen und gehörte zu den größten bautechnischen Errungenschaften der Anasazi. Aztec, Neumexiko.

Die Kiva hat einen tiefen Eindruck bei mir hinterlassen. Langsam verlasse ich das »große Haus« der Anasazi. Ich werfe einen letzten Blick auf das Pueblo. Auf einem Schild am Wegrand steht, dass das Betreten der Ostruine und der Earl Morris Ruine verboten ist. Kein Zutritt für die Öffentlichkeit. Und dabei wurden dort nicht einmal nennenswerte Ausgrabungen durchgeführt. Die Ostruine ist sogar noch größer als die Westruine, aus der ich gerade komme. Und auch die dortige große Kiva ist noch größer als die rekonstruierte Kiva, die ich soeben besucht habe.

Diese großen Häuser wurden nach 1225 gebaut, in der zweiten Bauphase des »Ortes neben dem fließenden Wasser«. Als die Anasazi um 1185 alle ihre Siedlungen im Chaco Canyon verließen, schlossen sie zeitgleich alle ihre anderen Siedlungen, auch diese hier in Aztec. Nach einer Pause von vierzig Jahren kamen die Anasazi erneut nach Aztec, renovierten die Westruine und bauten zwei weitere »große Häuser«.

Foto 36: Fünfzehn kleinere Zimmer, in denen sich wahrscheinlich Repräsentanten der verschiedenen Stämme aufhielten, blicken auf den mittleren Raum der großen Kiva. Aztec, Neumexiko.

Diesmal kam der wichtigste Einfluss von den Anasazi aus dem Norden, aus dem Pueblo im Mesa Verde Canyon in Colorado. Wieder blühte das Leben der Anasazi mit seinen Ritualen auf. Doch diese Phase dauerte lediglich fünfundsiebzig Jahre. Um 1300 verließen die Anasazi ihr großes Haus am »Ort neben dem fließenden Wasser« für immer, genau zur selben Zeit wie die Anasazi im Norden.

In den folgenden 200 Jahren geschah anscheinend überhaupt nichts. Dann kamen die Navaho aus der nordkanadischen Ebene und entdeckten die längst verlassenen Gebäude.

Ich habe den starken Eindruck, dass mein nächster Schritt mich nach Norden führen muss. Vielleicht werde ich in den Canyons von Colorado neue Antworten finden.

11
Mesa Verde

Mesa Verde, Colorado

Die Straße von Neumexiko zum Mesa Verde Nationalpark in Colorado führt durch ein Reservat der Utah-Indianer.

Die Utah sind typisch nordamerikanische Indianer. Vor zweitausend Jahren lebten sie im Gebiet der großen Seen unweit der heutigen Grenze zwischen den Vereinigten Staaten und Kanada. Allmählich zogen sie immer weiter in den Süden, bis sie sich um 1500 im Vierstaatengebiet von Arizona, Neumexiko, Colorado und Utah ansiedelten.

Ihr Name bedeutet übersetzt »Land der Sonne«. Der Bundesstaat Utah wurde nach diesem Stamm genannt. Es gab eine Zeit, in der das gesamte Gebiet dieses Bundesstaates indianischen Nomaden gehörte. Doch das änderte sich, als die weißen Siedler kamen, insbesondere die Mormonen. Die Indianer wurden gezwungen, ihr Nomadenleben aufzugeben, obwohl sie sich dagegen wehrten, denn sie glaubten, dass sie verhungern müssten, wenn sie immer am selben Ort blieben. Doch die Mormonen beanspruchten immer mehr Land für sich, und im Jahr 1869 blieb dem nördlichen Utah-Stamm nur noch ein schmaler Landstreifen, auf dem ihr Reservat lag.

1859 hatten sich die südlichen Utah in einer Schlacht gegen die Navaho mit der amerikanischen Armee verbündet, weil sie hofften, ihre Position dadurch zu verbessern. Ironischerweise wurden jedoch sowohl die Navaho als auch die Utah im selben Jahr, nämlich 1868, in Reservate verbannt.

Trotzdem umfasste das Reservat der Utah-Indianer immerhin beneidenswerte 22 ½ Millionen Hektar, ein Viertel des Bundesstaates Colorado. Doch dann führten die Weißen den Bau der Eisenbahn, die industrielle Ölgewinnung und die Weiderechte als Begründungen dafür an, das Reservat immer weiter zu verkleinern, sodass den Utah 1934 nur noch zehn Prozent des ursprünglichen Gebiets blieben.

Warum ist die Geschichte der Utah-Indianer so typisch? Vor der Ankunft der Weißen betrug die Gesamtzahl der Ureinwohner (Indianer) je nach Schätzung zwischen fünf und vierzig Millionen Menschen. Heute gibt es weniger als eine Million! Der spanische Völkermord in Mittel- und Südamerika fand seine Parallele im angloamerikanischen Genozid Nordamerikas.

Die Anzahl der Utah-Indianer schrumpfte von Zehntausenden auf viertausend. Und nun durchquere ich das »Reservat der südlichen Utah-Indianer« in Süd-Colorado, einen schmalen, unfruchtbaren, felsigen Wüstenstreifen von zwanzig Kilometern Breite und hundertfünfzig Kilometern Länge. Nur 360 Menschen leben hier. Laut offizieller Statistiken »wohnen die Utah in Dorfgemeinschaften aus festen Häusern, die 1964 ans Stromnetz angeschlossen wurden. Ihre Kinder werden mit Schulbussen zur Schule gebracht, und sie haben Arbeitsplätze in der Landwirtschaft und in den Kasinos in Towaoc«.

Die Utah besiedelten dieses Gebiet etwa 200 Jahre nach dem Verschwinden der Anasazi. Wie die Navaho rührten auch sie die verlassenen Städte nicht an. Sie glaubten, dass die Geister der Anasazi noch immer in den Ruinen lebten, und erklärten sie deshalb zu geschützten, heiligen Orten.

Ich verlasse das Reservat wieder. Vor mir liegt das Grün des geschützten Waldgebietes San Juan. Anderthalb Stunden später erreiche ich den Mesa Verde Nationalpark. Er steht zwar seit 1906 gesetzlich unter Denkmalschutz, aber die Siedlungen im Canyon waren bereits Ende des neunzehnten Jahrhunderts ausgeraubt und verwüstet worden.

Juli 1891. In der Stadt Durango in Colorado werden 600 Originalfunde aus dem Mesa Verde Canyon verpackt und nach Schweden verschickt. Der junge Baron Gustav Nordenskjöld kehrt nach einem erfolgreichen archäologischen Forschungsprojekt in seine europäische Heimat zurück. Hätte Gustav in die Zukunft sehen können, dann hätte er gewusst, dass er kurz nach seiner Rückkehr an Tuberkulose erkranken und im Alter von 26 Jahren sterben würde. In Skandinavien stehen große Veränderungen bevor: Ein Vierteljahrhundert später wird Finnland seine Unabhängigkeit von Russland und Schweden erklären, und die wertvolle Sammlung wird schließlich im finnischen Nationalmuseum in Helsinki landen. Doch Gustavs Bruder Erland Nordenskjöld, ebenfalls Archäologe, sollte fast achtzig Jahre alt werden und für seine Reisen nach Bolivien und seine Forschungen in den Städten der Inka berühmt werden.

Die Tatsache, dass die Sammlung den amerikanischen Boden verließ, löste eine örtliche Protestwelle aus, bis fünfzehn Jahre später der Mesa Verde Canyon schließlich offiziell zum Nationalpark erklärt wurde.

Es sollte mehr als ein Jahrhundert dauern, bis Gustavs Buch *The Cliff Dwellers of the Mesa Verde* (»Die Klippenbewohner von Mesa Verde«) über seinen Besuch im Canyon zusammen mit seinen handschriftlichen Notizen sowie Fotos (Schätzwert 3.500 Dollar) den Weg ins örtliche Anasazi-Museum von Cortez fand.

Einen Teil des Canyons untersuchte Gustav Nordenskjöld gemeinsam mit John Wetherhill, einem von drei Brüdern, die alle autodidaktische Hobbyarchäologen waren. Die älteren Brüder Al und Richard Wetherhill kamen 1882 zum ersten Mal nach Mesa Verde. Zunächst sah es hier nicht sehr viel versprechend aus, denn sämtliche Pfade waren heruntergekommen und mit Unkraut und Gestrüpp überwuchert. Doch bald entdeckten die Brüder in den Felsen eine Siedlung nach der anderen. Manche waren noch völlig unberührt, und sie empfanden dabei dieselbe Erregung wie die Archäologen, die die intakten Gräber der ägyptischen Pharaonen entdeckten.

Mesa Verde (spanisch »grüner Tisch«) ist nach den flachen, grasbewachsenen Tafelbergen auf der Gipfelebene des Canyons benannt. Das Gebiet umfasst 5.000 Anasazi-Ruinen, von denen zwanzig ausgegraben, baulich stabilisiert und der Öffentlichkeit zugänglich gemacht worden sind. Die meisten sind nicht allzu groß – aber einige sind noch immer unberührt und werden für zukünftige Archäologengenerationen bewahrt.

Am Eingang des Nationalparks befindet sich ein zweihundert Quadratkilometer großes, kahles Felsplateau. Das ist typisch für die Welt der Anasazi. In die Klippen sind die üblichen Petroglyphen eingemeißelt, die den Lauf der Himmelskörper verfolgen.

Foto 37: Eingang zum Mesa Verde Nationalpark in Colorado, in dem sich 5.000 Anasazi-Ruinen befinden.

Um zum Besucherzentrum zu gelangen, muss man einer etwa dreißig Kilometer langen, kurvigen Straße folgen. Ich beginne am Aussichtspunkt Park Point, von dem man nach allen Seiten einen freien Blick über Hunderte von Meilen in vier amerikanische Bundesstaaten hat. Mit 2.800 Metern ist dies der höchste Punkt in weitem Umkreis. Auch eine Rundhütte mit Radar und Antenne steht hier, der Standort der Feuerwache zur Bekämpfung von Waldbränden. An diesem Tag tut hier gerade eine junge Wildhüterin Dienst. Leider ist es nicht erlaubt, die Hütte zu betreten und mit den Wildhütern zu sprechen.

In den Jahren um die Jahrtausendwende haben hier mehrere katastrophale Brände gewütet und den Bewuchs der Bergklippen im Nationalpark vollkommen niedergebrannt. Zugleich kamen dadurch aber auch einige bis dahin unbekannte Anasazi-Ruinen ans Licht.

Die bekanntesten Orte in Mesa Verde sind die Pueblos, die hoch oben direkt in die steilen Abhänge der Klippen gebaut wurden. Die Klippen sind mehrere hundert Meter hoch und die Höhlen der Pueblos sehr schwer zugänglich. Dennoch wurden hier Hunderte solcher Siedlungen von verschiedener Größe innerhalb einer kurzen Zeitspanne sehr sorgfältig gebaut.

In der offiziellen Beschreibung lese ich: »Die Siedlungen in den Felsen entstanden zwischen dem Ende der 1190er und den 1270er Jahren. Ihre Größe variiert von einem Ein-Zimmer-Haus bis zu einem Pueblo mit über 200 Räumen. Die Architekten passten die Strukturen dem zur Verfügung stehenden Raum in den Klippen an. Die Anasazi lebten weniger als hundert Jahre in diesen Siedlungen. Um 1300 wurde Mesa Verde verlassen.«

Zunächst beantworten diese Fakten einige meiner Fragen. Der Bau in diesen Klippen begann also, nachdem die Anasazi den 160 Kilometer nördlich gelegenen Chaco Canyon verlassen hatten. Ob die Anasazi vielleicht aufgrund irgendeiner drohenden Gefahr in diese unzugänglichen Klippen in Colorado umgezogen sind?

Zweitens erscheint es mir aber erneut unlogisch, dass die Anasazi so viel Energie und Mühe in ein Bauprojekt dieser Größenordnung investierten, um Pueblos zu bauen, die sie dann nicht einmal hundert Jahre lang bewohnten.

Drittens, sämtliche Siedlungen in Mesa Verde wurden zum selben Zeitpunkt verlassen. In einer Zeit des Friedens. Als hätte jemand das Volk von hier weggeführt. Die ersten Entdecker fanden alle Haushaltsgegenstände in gebrauchsfertigem Zustand vor. Diese Menschen waren nicht umgezogen. Sie glaubten, dass sie zurückkommen würden.

Diese Widersprüche jagen sich in meinen Gedanken, während ich mein Eintrittsgeld bezahle, um mich zwischen den Ruinen umzusehen. Hier darf man die Siedlungen nur unter der Aufsicht eines Parkwächters besichtigen. Niemand darf hier allein herumwandern, eine Wildblume pflücken oder das Vorhandene in irgendeiner anderen Weise beschädigen.

Mehrere Kilometer vom Besucherzentrum entfernt erreicht man die erste Siedlung. Sie heißt »Balcony House« (Haus mit Balkon). Während ich auf den Parkwächter warte, lese ich weiter in der Informationsbroschüre.

Der Text versucht, die Anwesenheit von Menschen in dieser Gegend in eine Evolutionstheorie einzupassen. Zuerst kamen die Nomaden, dann Menschen, die Landwirtschaft betrieben. Primitive Siedlungen entstanden, die allmählich komplexer wurden. Vom Stroh zur Keramik. Auf einem Bild in der offiziellen Broschüre wandern halbnackte Indianer über steinige Straßen.

Und doch ... Sämtliche Fragen, die der Chaco Canyon der zeitgenössischen Wissenschaft stellt, erheben sich auch hier im Mesa Verde Canyon.

Erstens lebten hier bis zum Ende des 12. Jahrhundert nur sehr sporadisch Menschen. Dann gab es plötzlich eine Bevölkerungsexplosion. Es trafen also plötzlich Neuankömmlinge ein. Wahrscheinlich ein paar hundert Familien.

Zweitens übersteigt die Menge des in allen diesen Siedlungen verwendeten Baumaterials die Kapazität der erhältlichen Arbeitskräfte. Außer sie besaßen irgendwelche mentalen oder fortgeschrittenen Bautechniken, die seitdem in Vergessenheit geraten sind.

Genau wie bei dem Rätsel der strahlenförmig vom Chaco Canyon ausgehenden Anasazi-Straßen stellt uns auch Mesa Verde vor die Frage, wie es den Anasazi möglich war, tonnenweise Material in die hoch gelegenen Felshöhlen zu transportieren. Was für »Kräne« sie wohl benutzten?

Und schließlich, woher nahmen sie das Material für die Baugerüste, um die Wände dieser Pueblos in mehreren hundert Metern Höhe anzustreichen?

Foto 38: Die Anasazi-Siedlung, die als »Balcony House« bekannt ist, wurde in eine Höhle der steilen Klippen vom Mesa Verde Canyon in Colorado hineingebaut.

Vom Parkplatz auf der Gipfelebene des Soda Canyons führt ein schmaler Pfad zur Mitte der Klippe hinunter. Wenn man tiefer steigt, stößt man auf mehrere Holzleitern. Der Parkwächter mahnt beim Hinabsteigen der fünfzehn Meter langen Leitern zu äußerster Vorsicht.

Das »Haus mit Balkon« hat fünfundvierzig Zimmer und zwei Kivas. Seinen Namen erhielt es aufgrund der immer noch intakten, natürlichen Terrasse mit ihrer niedrigen Mauer, die sich tief in einer Höhle mit vier Räumen befindet. Es ist der erste flache Boden, den ich seit dem Hinunterklettern der Leiter betrete.

Der Blick auf den Fuß des Canyons und die Klippen unter mir ist eine ganze neue Erfahrung … Mein erster Eindruck ist ein Gefühl der Sicherheit. Irgendwie unlogisch, denke ich, dass ich mich in so großer Höhe über einer steilen Felswand so sicher fühle.

Foto 39: Der Autor auf der Terrasse des Anasazi-Pueblos »Balcony House«, Mesa Verde Canyon, Colorado.

Liegt das an der Beschaffenheit dieser Felsen und ihrem Einfluss auf unseren Organismus?

Einerseits ist die logische Schlussfolgerung, dass der Hauptgrund für den Bau dieser Siedlungen an einem so unzugänglichen Ort der Schutz war, den sie boten. Aber wovor? Vor der Witterung, vor Tieren, vor Feinden?

Ja und nein.

Ein so gigantisches Bauprojekt steht in keinem Verhältnis zu dem Bedürfnis nach Schutz vor der Sonne oder vor Raubtieren. Ich spüre, dass die drohende Gefahr viel größer gewesen sein muss.

Foto 40: Eine solche Siedlung konnte nur unter größter Anstrengung und Mühe gebaut werden, aber nachdem der Bau vollendet war, verließen die Anasazi ihn geheimnisvollerweise wieder.

Was hat nur die Anasazi, ihre Astronomen und erfahrenen Seher, dazu getrieben, Chaco Canyon zu verlassen?

Und welche Situation hat die Anasazi vom Mesa Verde Canyon dazu gebracht, nicht nur eins, sondern gleich Tausende von Gebäuden in diese unzugänglichen Klippen zu bauen, um sie nur für eine so kurze Zeitspanne zu benutzen?

Und um dann, unerwartet und unerklärlich, an irgendeinen anderen, unbekannten Ort aufzubrechen?

Foto 41: Der Zugang zum »Balcony House« führt über enge, unzugängliche Pfade und steile Klippen.

12

Die Astronomen von Mesa Verde

Mesa Verde, Colorado

Flächenmäßig ist Mesa Verde der größte archäologische Nationalpark der Vereinigten Staaten. Viele halten ihn für den wichtigsten geschichtlichen Ort der USA. 1978 wurde er von der UNESCO zum Weltkulturerbe erklärt. Und das alles, weil hier innerhalb von weniger als hundert Jahren ein paar hundert Behausungen mitten in die zerklüfteten Schluchten gehauen wurden.

Auf den Gipfeln der Klippen findet man Spuren von menschlichen Siedlungen, die Jahrtausende alt sind. Wie kam es dazu, dass man diese Orte so plötzlich verließ und stattdessen neue Pueblos direkt in die steilen, gefährlichen Klippen baute? Und das auch noch mit einer derart unerwarteten Intensität?

Zunächst gingen die Archäologen von einer Bedrohung von Außen aus. Tatsächlich lassen sich die unzugänglichen Klippen hervorragend verteidigen. Doch man hat keinerlei Hinweise auf eine solche Bedrohung entdeckt. Gilbert Wenger, seit vierzehn Jahren der führende Archäologe vor Ort, sagt: »Falls es eine Bedrohung gab – wer war dann der Feind? Es gibt keinerlei Anzeichen dafür, dass in diesem Gebiet außer den Anasazi noch irgendein anderes Volk lebte.«

Foto 42: In eine natürliche Höhle dieser Klippen wurde das spektakulärste Pueblo »Cliff Palace« (Klippenpalast) hineingebaut. Mesa Verde, Colorado.

Ich krieche durch einen sieben Meter langen Tunnel, der direkt in den Felsen gehauen wurde. Mich überrascht, wie schmal der Eingang ist – nur 60 Zentimeter! Übergewichtig waren die Anasazi offensichtlich nicht, sonst hätten sie das »Haus mit Balkon« gar nicht verlassen können.

Nach einer steilen Klettertour gelange ich wieder auf den Parkplatz. Eine Fahrt von zehn Minuten bringt mich zu meinem nächsten Ziel. Dort warte ich auf den Parkwächter, der uns durch den »Klippenpalast«, die spektakulärste Gebäudestruktur des ganzen Canyons, führen wird.

Natürlich hatten die Anasazi weder Paläste noch einen Adelsstand. Aber als Richard Wetherhill 1888 diesen Ort entdeckte, erinnerte er ihn an einen antiken Palast, und deshalb wählte er diesen Namen.

Der Abstieg über einen improvisierten Pfad dauert mehrere Minuten. Dann biegen wir um eine breite Felsnase, und plötzlich liegt Cliff Palace vor uns. Dieser Komplex wurde in eine Höhle von 110 Metern Breite und 30 Metern Tiefe hineingebaut. Die harmonische Struktur beeinträchtigt den Ausblick auf die Umgebung nicht, im Gegenteil – man hat den Eindruck, dass der mächtige Canyon selbst diese kleine Stadt geboren hat.

Foto 43: Der Anasazi-Apartmentkomplex »Cliff Palace« wurde direkt in eine Höhle von 110 Metern Breite und 30 Metern Tiefe hineingebaut. Mesa Verde, Colorado.

Ein vier Stockwerke hoher Turm verbindet Höhlenboden und Höhlendecke miteinander. Die runden Kivas erinnern uns an die Spiritualität der Erbauer. In den malerischen, nebeneinander liegenden Zimmern ist kein Eckchen überflüssig. Die zahlreichen kleineren Kivas sind in einer ordentlichen Reihe über die ganze Länge der Siedlung angeordnet – eindeutig wurden sie von den unterschiedlichen Clans benutzt. Die größeren Kivas befinden sich an prominenteren Stellen. In den »Dachboden« des kleinen Pueblos, direkt unter den Überhang der Höhle, hat man schmale, lange Zimmer gebaut. Sie dienten offenbar zur Lagerung von Nahrungsmitteln.

Insgesamt gibt es hier 230 Räume und 23 Kivas.

Foto 44: In »Cliff Palace« im Mesa Verde Canyon erinnern uns die runden Kivas an die Spiritualität ihrer Erbauer.

Ich empfinde dasselbe wie im »Haus mit Balkon«: Diese Siedlung ist gut versteckt und geschützt, bietet aber einen großartigen Ausblick über den Canyon.

Ich frage mich, wo sich hier die astronomischen Markierungen befinden. Ich weiß, dass man in allen Anasazi-Siedlungen den Lauf der Sonne und des Mondes verfolgt hat. Normalerweise gab es dafür einen besonderen Ort, meist einen natürlichen Felsvorsprung, von dem aus man den Auf- und Untergang der Sonne beobachten konnte, besonders an den Tagen vor und nach der Wintersonnenwende. Im Chaco Canyon stehen zum Beispiel zwei Felsblöcke, in deren Zwischenraum die Sonnenstrahlen genau zwanzig Tage vor der Sonnwende eindringen. Ein anderes Beispiel sind die Fenster in Pueblo Bonito, durch die man den Sonnenlauf in den drei Wochen vor dem 23. Dezember verfolgen konnte.

Der »Klippenpalast« ist genau nach Südwesten ausgerichtet. Man konnte also den Sonnenuntergang problemlos beobachten, aber der flache Horizont bot dem Auge keinerlei Orientierungspunkte.

Direkt gegenüber des »Klippenpalastes«, 290 Meter entfernt auf der anderen Seite des Canyons, hat man jedoch ein seltsames Objekt in Gestalt des Großbuchstaben »D« errichtet. Man nennt es den »Sonnentempel«. Wie wir wissen, ist die Form des Buchstaben »D« typisch für die Architektur im Chaco Canyon. Noch faszinierender ist die Position dieses Tempels. Er steht nicht in einem Felseinschnitt in den Klippen, sondern auf der Gipfelebene, direkt am Rand des Canyons.

Von der gegenüberliegenden Seite des Canyons aus betrachtet, bietet dieser Sonnentempel einen Orientierungspunkt am Horizont. Also muss ich nun innerhalb der Siedlung den genauen Ort suchen, von dem aus man um die Zeit der Wintersonnenwende die Sonne beobachtete.

Am südlichsten Punkt der Siedlung befindet sich eine kleine, konkave Steinplattform. Wenn man von hier aus auf das Zentrum des Sonnentempels blickt, der aus zwei runden Räumen besteht, entsteht ein künstlicher, kosmischer Markierungspunkt. Im Frühling bewegt sich die Sonne auf ihrem Lauf zwischen diesen beiden Räumen. Und wieder stelle ich fest, dass die Anasazi keinen anderen Kalender brauchten.

Foto 45: Hier blühte das Leben zwischen 1189 und 1279. Und dann verließen die Anasazi »Cliff Palace« (den Klippenpalast) und alle anderen Siedlungen in Mesa Verde ganz friedlich und für immer.

Zwei Fragen tauchen in mir auf. Erstens: Warum baute man ein ganzes Gebäude mit runden und viereckigen Räumen, nur um am Horizont einen Orientierungspunkt zu erhalten? Wäre es nicht einfacher gewesen, auf der anderen Seite des Canyons einfach zwei Steinbrocken aufzustellen?

Zweitens, warum ist die Wintersonnwende so wichtig? In den Legenden der Hopi und Pueblo-Indianer sowie den diesbezüglichen Schlussfolgerungen der Weißen ist von der »Angst« der Indianer die Rede, dass die Sonne nicht mehr aufgehen könnte, und davon, dass man Zeremonien und Rituale durchführen musste, um dies zu verhindern. Aber diese Erklärung befriedigt mich natürlich gar nicht. Es muss einen Zusammenhang zwischen der Position unseres Planeten und dem Grad der Energie gegeben haben, die man um die Zeit der Wintersonnwende von der Sonne empfing. Und die Anasazi verfolgten alles, was das Energiepotenzial unseres Planeten beeinflusst, mit großer Sorgfalt.

Foto 46: Die große Kiva im »Klippenpalast«, von der aus die Seher verfolgten, wie die Sonne den jeweiligen Energiegrad unseres Planeten beeinflusst.
Mesa Verde Canyon, Colorado.

Die junge Parkwächterin erklärt uns zwanzig Minuten lang genau, wie der Canyon vor über zehn Millionen Jahren entstand, als sich der Ozean zurückzog, und wie er durch den Prozess der Erosion beeinflusst wurde. Sie erwähnt die ersten Spuren menschlicher Ansiedlung und den Bau von Siedlungen direkt in den Klippen als Schutzmaßnahme vor den Elementen und vor potenziellen Feinden. Dann behauptet sie, die Anasazi seien weggegangen, weil es hier keine Nahrung mehr gegeben habe. Unsere Gruppe legt vor der großen Kiva eine Pause ein. »Dies war ein Raum für die Zeremonien, genau wie unsere Kirchen«, sagt sie nun.

Sie erwähnt weder die astronomischen Markierungen noch den Sonnentempel, noch die spirituellen Reisen in eine andere Dimension.

Der Name »Sonnentempel« stammt von einem Felsblock mit einer Einbuchtung und einer schmalen, seitlichen Rinne. Das Ganze sieht aus wie eine Sonnenblume oder wie die Kinderzeichnung einer Sonne mit vielen Strahlen. Dieser Felsbrocken wurde nicht von Menschen gemacht, sondern ist ein Produkt der Erosion. Aber er wurde ganz eindeutig von Menschen hierher gebracht und in eine Nische zwischen drei Steinwänden gestellt, um eine Art Altar zu bilden.

Dasselbe Symbol findet sich in der Welt der Anasazi auf vielen Petroglyphen und steinernen Artefakten.

Wir begegnen der Sonnenanbetung überall auf unserem Planeten. Eine Zivilisation nach der anderen weist uns darauf hin, dass die Sonne offenbar der Ursprung des Lebens, des Wissens und der Energieströme ist.

Foto 47: Astronomische Piktogramme, die die Anasazi verwendeten, um den Mond- und Sonnenzyklen und dem Metonzyklus des Mondes (18,6 Jahre) zu folgen. Mesa Verde, Colorado.

Vor uns steht ein vierstöckiger, steinerner Turm. Er birgt ein Anasazi-Originalkunstwerk noch in den ursprünglichen Farben. »Bitte keine Filmkameras und keine Blitzlichter benutzen«, befiehlt unsere attraktive Parkwächterin.

Innen ist der Turm leer. Vom Boden und der Decke sind nur noch wenige Balken übrig. Wir dürfen lediglich durchs Fenster hineinsehen. Aber die Öffnung ist groß genug für meine Kamera, die ich hineinhalte und einen »Schuss ins Dunkle« mache. (Ich gebe zu, dass mein Blitzgerät in letzter Zeit immer frecher wird und sich ständig über die Einschränkungen der Museen und Archäologieparks hinwegsetzt.)

Die meisten Besucher schütteln enttäuscht den Kopf, als sie die wenigen, unattraktiven geometrischen Figuren sehen, die mit roter Farbe auf die Innenwand gemalt sind. Die Symbolik ist unklar. Der einzige Kommentar der Parkwächter ist, dass dies ein Beispiel für »indianische Kunst« sei.

Ob sie wohl Recht haben?

Insgesamt gibt es drei Piktogramme beziehungsweise Felszeichnungen.

Die erste Zeichnung stellt vier vertikale Linien dar, von denen jede mit zwischen 17 und 20 Horizontallinien markiert ist. Das Ganze erinnert mich an das Gekritzel auf einer Gefängniswand, wo die Gefangenen die Tage markieren, um das aktuelle Datum zu kennen. Insgesamt gibt es 74 Markierungen. Nehmen wir einmal an, jede bedeutet ein Jahr. Das hieße dann 74 Jahre. Wenn wir diese Zeitspanne in vier kleinere aufteilen (die vier vertikalen Linien), erhalten wir jeweils etwa 18,5 Jahre. Nur ein einziges astronomisches Phänomen, das alle achtzehneinhalb Jahre auftritt, ist für die Anasazi von Interesse, nämlich die »Mondwende«. Wie wir bereits wissen, geht der Mond jeweils an verschiedenen Positionen des östlichen Horizonts auf, und während der »Ruheperiode« beziehungsweise der Wintersonnwende alle 18,5 Jahre erreicht diese Position ihren nördlichsten Punkt.

Wenn die Anasazi dieses himmlische Ereignis tatsächlich verfolgten, drängen sich mir zwei Fragen auf. Erstens: Warum sind auf der Wand nur vier Zyklen abgebildet? Und zweitens: Welchen Einfluss hatte die »Ruhephase« des Mondes auf das Energielevel der Erde?

Die Antwort auf die erste Frage ist wahrscheinlich die kurze Aufenthaltsdauer der Anasazi in diesem Canyon. Die Untersuchungen der Jahresringe der hier verwendeten Bäume ergaben, dass diese Siedlungen zwischen 1180 und 1279 gebaut wurden. In dieser Zeitspanne traten genau vier »Ruhephasen« des Mondes auf: Die erste begann 1187, die vierte endete 1280.

Auch die Antwort auf die zweite Frage ist völlig logisch. Die verschiedenen Positionen der Sonne und des Mondes beeinflussen tatsächlich das Energielevel unseres Planeten.

Ich sehe mir ein weiteres Piktogramm an, das auf derselben Höhe wie das erste liegt. Hier wurde auf einen weißen Hintergrund ein Rechteck gezeichnet. In der Mitte wird es durch eine gerade Linie unterteilt, und auf jeder Seite dieser Linie sind zwölf Markierungen. In beiden Hälften des Rechtecks befinden sich Zickzacklinien.

Zwölf auf jeder Seite. Repräsentieren sie die zwölf Monate des Jahres? Jeden Monat bewegt sich der Mond von Süden nach Norden und kehrt dann wieder in die extrem südlichste Position am Himmel zurück. Daher die Zickzacklinien. Zwölf Zickzacklinien könnten den jährlichen Mondzyklus symbolisieren.

Ein Astronom, der die Bewegungen des Mondes grafisch darstellen wollte, würde wahrscheinlich eine ähnliche Zeichnung benutzen.

Das dritte Piktogramm unter dem Rechteck zeigt zwei Gruppen von jeweils drei Dreiecken, mit zwölf Kreisen in der Mitte. Die Anzahl der Kreise könnte den jährlichen Wechsel der Sonnen- und Mondaufgänge symbolisieren. Und die Dreiecke? Stellen sie vielleicht die Gipfel des nahen La Plate Berges am nordöstlichen Horizont dar?

Wurden diese Piktogramme von einem Künstler oder einem Astronomen gemalt? Eine typische Anasazi-Keramikschüssel wirkt jedenfalls künstlerisch wesentlich attraktiver als diese Piktogramme. Deshalb verwerfe ich die erste Vermutung, dies könnten Kunstwerke gewesen sein. Wenn hier jedoch ein Astronom auf diese Weise den Verlauf des Mondzyklus dargestellt hätte, wäre das faszinierend.

Die Zeichnungen befinden sich im dritten Stockwerk des Turms. Die Wände der ersten beiden Stockwerke sind leer. Warum nur im dritten Stock?

Außerdem gibt es ganz oben im Turm Türen, die wie ein »T« geformt sind. Diese Türform findet man regelmäßig in Anasazi-Siedlungen. Auf die Frage nach dem Zweck dieser Form haben die Archäologen bisher keine Antwort gefunden. Ich habe beobachtet, dass solche Türen generell auf den Hauptplatz der Siedlung und die großen Kivas führten. Ihre Anzahl war unterschiedlich, aber meist waren es zwischen fünf und zehn.

Ob die Position der Türen in diesem vierstöckigen Turm uns endlich die Lösung dieses Rätsels verrät?

Sehen wir uns noch einmal den Sonnentempel an. Von den beiden unteren Stockwerken aus kann man die relative Mondposition zum Tempel nicht verfolgen, aber vom dritten und vierten Stock aus schon. Mehr noch: Wenn man eine imaginäre Linie zieht, die dem Lauf des Mondes folgt, dann verläuft sie in der »Ruhephase« (alle 18,5 Jahre) exakt durch die Mitte dieses Turms. Nur dann ist der Mond genau zwischen den beiden runden Räumen im Sonnentempel sichtbar.

Mir scheint, wir sind hier auf einige Antworten gestoßen. Diese Türme dienten keinem militärischen Zweck, obwohl die offizielle Erklärung das behauptet, sondern einem astronomischen. Mit anderen Worten: Wenn man die Anasazi-Siedlungen untersucht, dann zeigt der Standort dieser speziellen Türform dem Besucher ganz genau, wo die Astronomen oder Seher jeweils lebten.

Ich schließe die Augen und versetze mich in das zwölfte Jahrhundert zurück. Ein dunkler Nachthimmel. Es ist Ende Dezember. Die »Ruhephase« des Mondes hat begonnen. Am östlichen Horizont geht genau zwischen den beiden Türmen des Sonnentempels der Vollmond auf und erhellt die Siedlung mit seinem Licht. Während der kommenden sechs Monate wird der Mond jede Nacht größer werden und regelmäßig zwischen den beiden Türmen erscheinen. Und nach sechs Monaten, zur Zeit der Sommersonnwende, wird der Pfad der Sonne bei Tag endlich genau mit dem Pfad des Mondes bei Nacht übereinstimmen.

Foto 48: Dieser vierstöckige Steinturm war ein Anasazi-Observatorium. Mesa Verde, Colorado.

13

Der Sprung der Anasazi in die absolute Freiheit

Mesa Verde / Cortez, Colorado

Mesa Verde ist einzigartig – ganz anders als alles, was man sonst auf diesem Planeten sieht. Die Architektur ist den Höhlen und Grotten in den Klippen des Canyons vollkommen angepasst. Die Turmobservatorien sind durch Tunnel mit den großen Kivas verbunden. Von den Steinterrassen hat man einen unvergesslichen Blick über den kurvenreichen Canyon, der sich bis zum Horizont erstreckt. Diese Siedlungen auf den Höhen der Klippen sind Nachbarn der Adler, die man gelegentlich sehen kann, wenn sie auf Beutesuche auf den Luftströmungen segeln.

In jeder Siedlung ist in eine der Außenwände eine Nummer gemeißelt. Das »House with a Balcony« (Haus mit Balkon) hat die Nummer 11, das »Long House« (Langhaus) die Nummer 15. Diese Zahlen hat der schwedische Archäologe Gustav Nordenskjöld eingeritzt, als er 1891 hier war.

An verschiedenen Stellen im Canyon haben auch die Anasazi selbst Petroglyphen in den Felsen gemeißelt. Die bekannteste befindet sich in Pictograph Point (der Name ist irreführend, denn *pictographs*, Piktogramme, sind Felszeichnungen, im Gegensatz zu den in den Felsen eingemeißelten Petroglyphen, so wie an diesem Ort). Hier besteht die Petroglyphe aus einer ununterbrochenen Linie, an deren Anfang und Ende sich Spiralen befinden. Entlang dieser Linie befinden sich die Symbole einiger Tiere. 1942 besuchte eine Gruppe Hopi aus dem nördlichen Arizona Mesa Verde und interpretierte diese Petroglyphe.

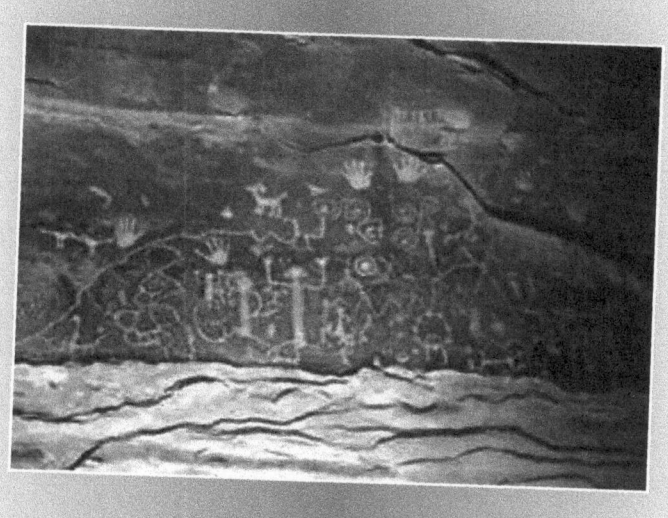

Foto 49: Die Petroglyphen von Mesa Verde symbolisieren die Reise der Anasazi und ihrer Nachkommen in der Vierten Welt.

Die erste Spirale symbolisiert »Sipapu«, jenen Ort, an dem die Anasazi aus dem tiefen Leib der Erde hierher kamen, zum Grand Canyon, der großen Schlucht. Das erste Tier ist der Adler und symbolisiert den Adlerclan, der sich vom restlichen Volk trennte und in der Nähe des Gand Canyons ansiedelte. Die Bergziege symbolisiert den nächsten Clan, der sich ebenfalls von den ursprünglichen Einwanderern separierte. (Laut Überlieferung siedelte sich dieser Clan in der Nähe der heutigen Stadt Shiprock in Neumexiko an.) Darauf folgte der Papageienclan, der sich noch weiter entfernt ansiedelte. Die grüne Eidechse in einem Halbkreis symbolisiert den fatalen Einfluss, den der Eidechsengeist auf die übrig gebliebenen Immigranten ausübte. Darauf folgte eine Phase der Wanderschaft und Verwirrung. Die nächste Figur ist eine »Kachina«-Puppe. Diese symbolisiert ein Wesen, das Menschen dabei hilft, ihren Weg zu finden und ihnen die richtige Richtung weist. Die Umrisse des Berglöwen sind ein Zeichen dafür, dass dieser allmächtige Tiergeist die Völker auf ihren Wanderungen beschützt. Die Linie endet in einer Spirale, die das Ende der Reise bezeichnet – den Mesa Verde Canyon (?). Auf der anderen Seite der Linie sieht man mehrere Figuren, die als Repräsentanten der modernen Pueblo-Stämme interpretiert werden, und ein Stück von ihnen entfernt befindet sich das Symbol des Kachina-Clans (Hopi).

Mit dieser Interpretation versuchten die Hopi die Richtigkeit ihrer Theorie, dass sie die Nachfahren der Anasazi sind, zu beweisen.

Das »Longhaus« ist das zweitgrößte Pueblo im ganzen Canyon. Es umfasst über 150 Räume, jeweils zwischen sechs und zehn Quadratmeter groß, 21 Kivas und eine große, rechteckige Terrasse, die den Namen »Tanzboden« trägt. Vor 750 Jahren lebten hier etwa 100 Menschen. Der vierstöckige Turm an der Westseite sieht dem Turm im »Klippenpalast« sehr ähnlich. Die Bauweise ist typisch. Man hat die vorgefertigten Bausteine in frischen Zement eingebettet. Später wurden die Wände mit calciumsulfathaltigem Gips verputzt, wodurch eine glatte Oberfläche entstand, die bemalt werden konnte. Die Türen und Fenster waren hier kleiner, damit die Wärme im Winter nicht verloren ging. Etwa vierzig Skelette wurden in dieser Siedlung gefunden. Die Anasazi waren durchschnittlich etwa 1,65 Meter groß. Die Leichen waren in Decken aus Kaninchenhaut und Truthahnfedern gewickelt und trugen einen mit speziellen Edelsteinen geschmückten Kopfputz.

Das »House of the Square Tower« (Haus des viereckigen Turms) ist ein Pueblo mit sechzig Räumen und zwei Kivas. Der Name entstammt dem fast dreißig Meter hohen Turm, der das höchste Gebäude im ganzen Canyon ist. Er hat vier Stockwerke, und seine genaue astronomische Funktion muss noch untersucht werden. Jedenfalls darf diese Siedlung überhaupt nicht betreten werden, man kann sie nur von der gegenüberliegenden Seite des Canyons aus betrachten.

Neben dem »Temple of the Sun« (Sonnentempel) hat man auf der nordwestlichen Seite die Überreste eines »Anbaus« gefunden: ein runder Raum mit einem kleinen Turm. Wenn man vom »Klippenpalast« aus hierher blickt, geht die Sonne am 3. Dezember genau über diesem Turm unter, sodass man schon zwanzig Tage vorher auf das Nahen der Wintersonnwende hingewiesen wurde.

Zwei Kilometer weiter nördlich liegt das »Cedar House« (Zedernhaus). Hier hat der Turm eine Doppelmauer, und die Steine wurden sorgfältig so geformt, dass sie sich der Rundform der Mauern genau anpassen. Dies war zweifellos ein weiteres Sonnenobservatorium.

Von hier aus hat man einen guten Blick auf die Gipfel des La Plate Berges, die man ganz bestimmt als Kalendermarkierung für die Wintersonnwende und die »Ruhephase« des Mondes benutzte.

Das »Juniper House« ist die drittgrößte Siedlung in diesen Klippen. Sie wurde 1888 von Wetherhill so getauft, weil damals ein großer Wacholderstrauch (Juniper = Wacholder; Machandelbaum) davor stand. Zwischen 1200 und 1273 hat man sie in eine Höhle von siebzig Metern Breite und dreißig Metern Tiefe hineingebaut, und sie umfasste 114 Räume, acht Kivas und einen breiten Hauptplatz.

Jetzt ist es später Nachmittag. Die geführte Tour ist zu Ende. Langsam fahre ich die schmale Straße entlang und halte an jeder mit einem Schild ausgewiesenen Stelle. Meist hat man von dort aus einen besonders schönen Blick auf den Canyon und die in die gegenüberliegenden Klippen eingefügten Gebäude. Manchmal sieht man auch nur den Canyon.

Das »Hemenway House« ist ein Pueblo hoch oben in den Klippen, zu dem bisher noch keine Pfade angelegt wurden. Ich schätze, dass es nur etwa zwanzig Räume hatte, denn es liegt von meinem Standpunkt aus etwa 300 Meter weit weg auf der anderen Seite des Canyons und ist von hier aus kaum zu sehen. Diese Siedlung erhielt ihren Namen aufgrund der großzügigen Spenden, mit denen Mary Hemenway Ende des 19. Jahrhunderts die ersten Erforschungen finanziell unterstützte.

Ein Stück weiter liegt das »House of Many Windows« mit fünfzehn Räumen. Hoch oben in den benachbarten Klippen befindet sich das »Unnamed House« (Namenloses Haus) mit vier bis fünf Zimmern. Beide sind so unzugänglich, dass man den Eindruck hat, sie seien für Menschen mit Flügeln gebaut worden.

Foto 50: Das »House of Many Windows« (Haus der vielen Fenster), hoch oben in den Klippen, ist von der anderen Seite des Canyons aus kaum zu sehen. Mesa Verde, Colorado.

Bevor ich den Canyon verlasse, halte ich an und mache mir Notizen. In meinem Notizbuch liegt ein Bild, das Melvin mir gegeben hat. Ich drehe es um und entdecke einen Text, der mir bisher gar nicht aufgefallen ist. »Die Freiheit ist ein Geschenk des Adlers« steht da handschriftlich in winzigen Buchstaben. Ich frage mich, wieso mir dieser Text vorher nicht aufgefallen ist. Und was soll das Adlergeschenk der Freiheit bedeuten? Bisher hatte ich aus den Geschichten geschlossen, dass unsere Seelen, wenn sie den Körper verlassen, vom allmächtigen Adler eingefangen werden. Und nun begegne ich zum ersten Mal einem Konzept, das die Möglichkeit der »Freiheit« mit einschließt?

Während ich aus dem Mesa Verde Nationalpark hinausfahre, nehme ich noch einmal die Gewächse, die gewundenen Straßen und die herannahende Dämmerung in mich auf. Mein nächstes Ziel ist die Stadt Cortez im Südwesten von Colorado. Vor mir liegt eine fünfundvierzigminütige Autofahrt.

Ich nehme drei Fragen mit aus Mesa Verde, die für mich im Herzen des Geheimnisses um die Anasazi liegen:

Wovor versuchten sich die Anasazi zu schützen, als sie ihre Siedlungen in diese Klippen bauten, zu denen nur Vögel Zugang haben?

Wieso waren sie so sehr auf Sonne und Mond fixiert, dass sie ohne zu zögern fast unmöglich scheinende Bauprojekte verwirklichten, um ihren Lauf und ihre Positionen am Himmel verfolgen zu können?

Hatten die Anasazi einen Ausweg aus dem unabwendbaren Schicksal gefunden, laut dem ihre Seelen im Tod in der Falle des Adlers gefangen wurden?

Wie es so oft geschieht, bekomme ich Hilfe von einer Seite, die auf den ersten Blick gar nichts mit meinem augenblicklichen Problem zu tun zu haben scheint. Ich erinnere mich an Carlos Castanedas Buch *Gespräche mit Don Juan* aus dem Jahr 1988. Darin sagt Don Juan Matus, ein Medizinmann, »Nagual« und spiritueller Lehrer der Yaqui-Indianer:

»Es gibt ein Ungeheuer, das aus der Tiefe des Kosmos kam und unser Leben übernommen hat. Dieses Ungeheuer ist unser

Gott, über den wir keine Macht haben. Wenn wir uns gegen ihn auflehnen, wird er unsere Rebellion unterdrücken. Wenn wir versuchen, uns von ihm unabhängig zu machen, wird er es verhindern. In all unseren Gesprächen im Laufe der Jahre habe ich versucht, indirekt zu sagen, dass uns irgendetwas gefangen hält. Für die Schamanen und die spirituellen Wesen im alten Mexiko waren das energetische Tatsachen.«

Dann fuhr er fort:

»Sie beherrschen uns, weil wir ihre Nahrungsquelle sind ... Die Schamanen von Mexiko wussten nicht genau, wann dieses Ungeheuer auf der Erde erschienen ist. Aber sie waren ganz sicher, dass der Mensch vor langer, langer Zeit ein vollständiges Wesen gewesen ist. Noch heute spielt dieses vollkommen bewusste Wesen in Mythen und Legenden eine Rolle. Doch dann, von einem Augenblick zum anderen, scheint dies alles verschwunden zu sein. Und vom Menschen ist fast nichts mehr übrig geblieben, nur noch dieses betäubte, schläfrige Geschöpf ... Es war das Schicksal des Menschen, ein magisches Lichtwesen zu werden. Aber diese Magie existiert nicht mehr ...«

Die Schlussfolgerung war, dass die negative Energie, die wir erzeugen, dem »kosmischen Ungeheuer«, von dem Don Juan spricht, als Nahrung dient. Wir werden von ihm sehr sorgfältig auf künstliche Weise gezüchtet, um ihm als Nahrung zu dienen.

Ich frage mich, ob die Anasazi-Seher dieses spirituelle Ungeheuer kannten, das aus den Tiefen des Kosmos kam. Wenn sie den kosmischen Schöpfer (den Adler) sehen konnten – warum sollten sie dann nicht auch ein kosmisches, spirituelles Wesen wie das »Ungeheuer« sehen können, von dem Don Juan spricht? Besonders, nachdem es sich von unserer negativen Energie ernährt.

Haben die Anasazi diese Canyons, in die sie ihre Siedlungen bauten, als Schutzschild verwendet? Wenn man ihre Positionen betrachtet, kann man kaum übersehen, dass es sich dabei um potenzielle Energiepunkte handelte. Hat die Beschaffenheit der Felsen dazu beigetragen, ihre Energiekörper besser zu schützen? Haben sie dadurch vielleicht sogar den Einfluss des »kosmischen Ungeheuers« unterbunden?

Ich habe das Gefühl, dass ich mit meinen Gedanken auf der richtigen Spur bin und vielleicht auch das Rätsel der schnurgeraden Straßen lösen kann, die vom Chaco Canyon ausgehen. Diese Straßen folgten unterirdischen Energieströmen. Wenn das hohe Energieniveau auf diesen Straßen den Anasazi als Schutz diente, ist das vielleicht der Grund dafür, dass sie keine Kurven haben. Hätten die Anasazi ihre Straßen nämlich der Topografie des Terrains mit all seinen Kurven und Zickzacklinien angepasst, hätten sie den Schutz dieses unterirdischen Energieflusses verloren. Und dann wären sie dem Einfluss des »Ungeheuers« ausgesetzt gewesen.

Warum aber haben sie am Ende des 12. Jahrhunderts den Chaco Canyon wie unter einem Befehl verlassen? Hatte jemand sozusagen den Stecker ihrer unterirdischen Energiezufuhr herausgezogen, sodass sie schutzlos waren?

Und warum haben sie am Ende des 13. Jahrhunderts auch die unzugänglichen Klippen des Mesa Verde Canyons verlassen? Waren sie entdeckt worden? Mussten sie deshalb wieder an einen anderen Ort ziehen?

Mir scheint, dass ich mich auf diese Weise allmählich der Antwort auf die erste Frage annähere.

Nun fehlt uns aber die Antwort auf die zweite Frage, bei der es um die Besessenheit der Anasazi von Sonne und Mond geht. Zweifellos wussten sie von den entscheidenden Einflüssen, die diese beiden Himmelskörper auf das Energieniveau unseres Planeten ausüben. Jedes solare Ereignis, seien es Sonnenflecken, Sonnenfinsternisse oder die unterschiedlichen relativen Positionen der Sonne zur Erde, beeinflusst die Energiezufuhr der Erde. Eine Störung der Energieströme muss die Verteidigungsfähigkeiten der Anasazi als Energiewesen beeinflusst haben. Selbst die wesentlich geringeren Einflüsse des Mondes waren ihnen wichtig, weshalb sie die Mondphasen ebenfalls genau verfolgten.

Foto 51: Wovor wollten sich die Anasazi schützen, als sie ihre Siedlungen in derart unzugängliche Klippen bauten?

Die Sonne füllt die Batterien dieses Planeten auf. Durch sie erhält unser Planet Leben.

Die Sonnenenergie bot den Anasazi eine Fluchtmöglichkeit und half ihnen dabei, die Angriffe eines übermächtigen Feindes abzuwehren. Deshalb feierte man die Sonne (oder »betete sie an«) und folgte ihrem Lauf von jedem nur möglichen Blickwinkel aus.

Und wie können wir uns der Antwort auf die dritte Frage annähern: »die Freiheit, die der Adler anbietet«? In meinem letzten Gespräch mit Melvin ging es um die Seher, die die Technik erlernt hatten, »das Bewusstsein von einem Körperteil in einen anderen zu transferieren«. Haben sie es mit Hilfe dieser Manipulationen geschafft, das Tor zur völligen Freiheit aufzustoßen?

In einem chinesischen Restaurant lege ich eine kurze Pause ein. Im Zentrum von Cortez bereitet eine Gruppe Navaho gerade eine Vorstellung vor. Die Tanzgruppe unter Sheldon Manuelito aus Shiprock heißt *Naat'sii'liid* (Regenbogen). Ich ruhe mich eine halbe Stunde beim Rhythmus der Trommeln aus und beobachte die traditionellen Navaho-Tänze.

Ich nehme mir ein Zimmer in einem Motel. Und obwohl ich mich normalerweise nicht an meine Träume erinnere, habe ich hier einen ganz besonderen Traum. Melvin erscheint mir im Traum und zeigt mir auf anschauliche Weise den menschlichen Energiekörper. Der lange weiße Strang, unser Bewusstsein, heller als alle anderen Teile, verändert seine Position. Er bewegt sich auf die Mitte unseres Körpers zu und nimmt statt einer vertikalen eine horizontale Stellung ein.

»Der Weg zur völligen Freiheit ist Bewusstseinskontrolle. Diese Freiheit ist das Geschenk des Adlers an die Menschen«, sagt Melvins Stimme laut und deutlich. »Um dieses Geschenk empfangen zu können, müssen wir genügend Energie haben.« Dies sind die letzten seiner Worte, an die ich mich erinnere.

Am Morgen frage ich mich, ob ich womöglich das komplexe Rätsel der Anasazi gelöst habe.

Foto 52: Die Navaho-Tanzgruppe *Naat'sii'liid* aus Shiprock, Neumexiko, führt in Cortez, Colorado, ihre Version des Regentanzes auf.

14

Die Wachtürme von Hovenweep

Hovenweep, Utah

Ich durchquere viele Meilen einer ungastlichen Landschaft. Vom Reservat des Stammes der Berg-Utah in Colorado fahre ich zu einem Navaho-Reservat im Bundesstaat Utah. Mein heutiges Ziel ist ein Ort namens Hovenweep, wo es weitere Anasazi-Siedlungen gibt.

Mich überrascht überhaupt nicht, dass der Fotograf William Henry Jackson 1874 der Region diesen Namen gegeben hat. Er bedeutet »verlassenes Tal«.

In Hovenweep gibt es keine Touristenattraktionen wie in den Klippen des riesigen Mesa Verde Canyons, und der Ort spielte innerhalb der Anasazi-Zivilisation auch keine so große Rolle wie der Chaco Canyon. Dennoch war es für die Anasazi ein ganz besonderer Ort.

Das heutige »Hovenweep National Monument« umfasst die Ruinen von sechs Anasazi-Siedlungen auf der Gipfelebene des Canyons. Besonders interessant sind hier die Ruinen von Türmen, die an mittelalterliche europäische Festungen denken lassen. Von ihnen hat der Ort seinen Namen erhalten.

An einem sonnigen Augustmorgen stehe ich vor dem Eingang von Hovenweep. Es sind keine anderen Touristen da, ich habe den Canyon ganz für mich. Um zu den Festungstürmen zu gelangen, die immer noch ihre Umgebung dominieren, muss ich mehrere Kilometer zu Fuß gehen.

Die erste Frage, die sich jedem Besucher stellt, ist: Warum haben die Anasazi diesen unbedeutenden, isolierten und öden Canyon zum Wohnsitz gewählt?

Die Holzreste aus den Dächern und Stützmauern der Türme lassen darauf schließen, dass sie zwischen 1230 und 1275 gebaut wurden. Genau wie die Siedlungen im Mesa Verde Canyon. Man hat den Eindruck, dass sich die Architektur auf ein und dieselbe Person zurückführen lässt: Der Stil ist vertraut, aber dennoch gibt es originelle Einzelheiten.

Solche Wachtürme sind bei den Anasazi nichts Neues, aber hier, in diesem winzigen Gebiet, gibt es sowohl runde als auch eckige und elliptische und sogar einen in Form des Großbuchstaben »D«.

Die seither vergangenen 750 Jahre haben ihre Spuren hinterlassen. Die steinernen Wachtürme sind halb verfallen, sie haben ihre ursprüngliche Eleganz eingebüßt, und es stehen keine anderen Gebäude mehr in der Nähe.

Ein schmaler Pfad führt mich zum ersten Gebäude des »Canyons der kleinen Ruinen«. Dieses trägt heute den Namen »Festung«. Die allererste Forschungsexpedition hierher wurde 1854 von den Mormonen unter der Leitung von W. D. Huntingdon durchgeführt und die zweite 1917 vom Smithsonian Institute unter Leitung des Archäologen J. W. Fewkes. Daher stammen die Namen der Gebäude von Hovenweep, die klingen, als seien die Türme zu Verteidigungszwecken gebaut worden.

Foto 53: Die Anasazi bauten die Wachtürme von Hovenweep im Bundesstaat Utah zwischen 1230 und 1275 als astronomische Observatorien.

Das gilt auch für die »Festung«. Die Form der Mauern wirkt tatsächlich so, und der Eindruck wird von einem anderen, nahen Turm verstärkt. Dies sind die einzigen Reste der Siedlung, die einst fünfzehn Gebäude umfasste. Ihre Überreste sind im Laufe der Zeit in den darunter liegenden Canyon gefallen. Die hölzernen Stützbalken sind verrottet, der Mörtel verschwunden und die gemauerten Steine sind allmählich abgefallen. Breite und Länge der Gebäude war perfekt an die Felsen angepasst, auf denen sie errichtet wurden. Die verbleibenden Felsen bezeugen zumindest eins: Man hat die Form vor dem Bau sehr sorgfältig geplant.

Der Weg führt zum Rand des Canyons. Ein winziger Kletterpfad führt weiter, zum Fuß der Klippen hinab. In den Büschen raschelt es. Ein Kaninchen richtet seine Ohren auf mich, als seien sie Antennen, und versucht, meine Absichten zu erraten. Es ist völlig windstill, und ich frage mich, ob es jemals irgendwelche Wasserläufe in diesem Canyon gab. Was fanden die Anasazi an diesen unkrautüberwucherten Felsen so attraktiv, dass sie hier bauten und fünfzig Jahre lang hier lebten?

Foto 54: Die »Zwillingstürme« – der eine oval, der andere hufeisenförmig – sind die einzigen Überreste eines Gebäudes, das einst 16 Räume barg. Dies waren keine Wachtürme. Hovenweep, Utah.

Auf der anderen Seite des Canyons angekommen, nähere ich mich nun den »Zwillingswachtürmen«. Früher enthielten sie insgesamt sechzehn Räume. Ihr Grundriss ist faszinierend, denn sie stehen auf zwei großen Felsbrocken, die als Fundament dienen. Der eine Turm ist oval, der andere hufeisenförmig. Sie wurden sorgfältig mit einer Mischung aus dicken und dünnen Steinblöcken errichtet. An einem der Eingänge finden sich noch Überreste der ursprünglichen, hölzernen Türrahmen.

Wieder einmal stehe ich bei diesen Gebäuden vor einem Rätsel. Waren das wirklich Verteidigungstürme? Man hat nie Spuren irgendwelcher Schlachten gefunden. Auch keine Überreste von Waffen. Und wer würde in dieser ungastlichen Schlucht mitten im Nirgendwo überhaupt kämpfen? Ganz eindeutig waren dies nicht die Wachtürme einer Festung.

Ich gehe weiter. »Rimrock House« ist ein weiterer unpassender Name für ein Anasazi-Gebäude. Die stehen gebliebenen Steinmauern machen deutlich, das dies kein Wohngebäude war, denn es enthält keine separaten Zimmer. Es gibt jedoch eine ganze Reihe kleiner Öffnungen in der Mauer, und zwar in verschiedenen Winkeln. Früher war dies ein zweistöckiges, rechteckiges Gebäude. Doch welchem Zweck diente es?

Auf dem Grund des Canyons steht der »Rundturm«, ein zweistöckiger Turm von nahezu perfekter Kreisform.

Während ich am Rand des Canyons entlanggehe, sind meine einzigen Begleiter Eidechsen. Und der Schweiß, der sich unter meinem Hut sammelt.

»Hovenweep House« sind die Überreste eines Komplexes am Ende des Canyons. Die noch stehende Mauer ruht auf einem Felsbrocken, und dadurch bekommt man einen Einblick in die Bautechniken, die hier verwendet wurden. Genau wie in Mesa Verde hat man rechteckig zugehauene Steine in Mörtel getaucht und zusammengepresst, und darüber kam eine dicke Schicht Gips.

Foto 55: Das »Rimrock House« der Anasazi hat viele Öffnungen in der Wand, mit deren Hilfe man den Lauf der Sonne verfolgte. Hovenweep, Utah.

Nachdem ich zwei Stunden in dem Canyon verbracht habe, nähere ich mich schließlich dem Komplex »Hovenweep Castle« (Schloss Hovenweep). Dieses besterhaltene Gebäude der »Festung« hält zugleich auch die meisten Antworten auf meine Fragen bereit. Zwei Türme in Form des Buchstaben »D«, deren Mauern zwischen 60 Zentimeter und einem Meter dick sind. In Bodennähe des einen Turms hat man in die Mauer eingelassene Öffnungen entdeckt. Durch sie kann man während der beiden Sonnwenden und der beiden Tagundnachtgleichen das Spiel der Schatten auf der Wand beobachten.

Zwei Öffnungen führen zu weiteren Räumen. Die hölzernen Türrahmen werden nur an diesen vier Tagen des Jahres von der

Sonne erhellt. Am Tag der Sommersonnwende fallen die Sonnenstrahlen auf den Rahmen der Tür, die in den sogenannten »Sonnenraum« führt. Bis die Sonne untergeht, kann man ihre Strahlen deutlich verfolgen, die über die ganze Wand wandern und schließlich die Tür erreichen.

Ich höre menschliche Stimmen. Zwei ältere Männer kommen auf mich zu. Wir machen uns bekannt. Sie kommen aus Belgien und sind schon seit drei Wochen in dieser Region unterwegs. Sie erzählen mir, dass es in der Nähe ein Museum mit einer schönen Keramiksammlung gibt. Einer der beiden ist Berufsfotograf, und natürlich wird mein Besuch hier schon bald von ihm auf Film verewigt.

Foto 56: Der Autor vor »Hovenweep Castle«, dem besterhaltenen Gebäude der Anlage. Öffnungen in der Mauer erzeugen an den Tagen der Sommer- und Wintersonnwende ein Schattenspiel. Hovenweep, Utah.

Ein paar Meter weiter kommen wir zum »Unit-Type House« (Einheitshaus). Es heißt so, weil die Archäologen es als das typische Grundmuster eines Anasazi-Gebäudes betrachten. Eine Kiva, umgeben von sechs Zimmern, in denen man lebte und Vorräte lagerte. Die Kiva entspricht dem Stil von Mesa Verde. Etwas Neues sind die vier zusätzlichen Öffnungen in der Ostwand, die wahrscheinlich dazu dienten, an den Sonnwenden die Position der Sonne zu markieren. Genauer gesagt dringen die Sonnenstrahlen in der zweiten Dezemberwoche durch eine der Außentüren ein und fallen dann auf die nordwestliche Zimmerecke. Im Sommer geschieht dasselbe mit der südwestlichen Mauer.

Sonnenstandmarkierungen findet man außerdem in einem Ruinenkomplex namens »Cajon Group«. Hier gibt es in der Westmauer des Turms drei Öffnungen. Durch zwei von ihnen dringen die Sonnenstrahlen am Sonnwendtag ein, die dritte dient als Orientierungspunkt, denn sie lässt die Sonne am Tag der Wintersonnwende herein. Zu diesen sogenannten Kalendern gehörten zweifellos auch Markierungen an den Wänden, die die verschiedenen Sonnenpositionen bezeichneten. Der Putz, der diese Markierungen trug, ist allerdings längst verschwunden, sodass das ursprüngliche Aussehen der Mauer ein Geheimnis bleibt.

Schließlich gibt es in der Nähe von »Holly House« noch zwei große Steinblöcke, auf denen ein dritter quer liegt wie ein Dach. Dieses Gebilde blockiert die Sonnenstrahlen fast das ganze Jahr hindurch. In den schmalen Durchgang haben die Anasazi zwei große Spiralen und ein Sonnensymbol gemeißelt. Diese Petroglyphen sind identisch mit denen von Fajada Butte im Chaco Canyon.

Während der Frühlingstagundnachtgleiche erhellen die Sonnenstrahlen für kurze Zeit ausschließlich das Sonnensymbol. Danach fällt die Sonne nicht mehr in diese Passage. Ihre dramatische Wiederkehr findet erst kurz vor der Sommersonnwende statt. Dann schickt die Sonne zwei Lichtringe aus, die man deutlich in der Mitte der Spirale und auf dem Sonnensymbol sehen kann.

Foto 57: Diese Petroglyphen der Anasazi, zwei Spiralen und ein Sonnensymbol, wurden in der Nähe des »Holly House«-Komplexes in die Felsen gemeißelt und dienten astronomischen Zwecken.

Haben die Anasazi diese Steinblöcke hierher geschleppt, oder haben sie zuerst die Sonnenbewegungen auf den Felswänden beobachtet und dann die Petroglyphen gemeißelt?

Hier gibt es so viele astronomische Symbole auf so kleinem Raum, dass ich den Eindruck habe, jedes zweite Gebäude diente der Sonnenbeobachtung. Ob die Wachtürme und Gebäude von Hovenweep außerdem noch andere astronomische Zwecke hatten, ist unklar. Leider ist die Archäologie auf das beschränkt, was sich in den Ruinen findet.

Foto 58: Im abgelegenen Canyon von Hovenweep fanden
die Anasazi kurzzeitig Unterschlupf. Hier wurden
sie durch die wohltuende Sonnenenergie beschützt.

Dennoch haben wir genug Material gesammelt, um einige Schlussfolgerungen zu ziehen.

Erstens handelt es sich hier um den letzten Gebäudekomplex aus der »Mesa-Verde-Phase« der Anasazi. Man begegnet diesem Baustil innerhalb eines großen Gebietes immer wieder, und alle diese Gebäude entstanden innerhalb eines relativ kurzen Zeitraums. Dadurch erhebt sich die Frage, wie man miteinander kommuniziert hat.

Zweitens haben einige wenige Familien im kahlen Felsgebiet von Hovenweep ein gigantisches Bauprojekt verwirklicht. Ohne Metallwerkzeuge bauten sie sehr eindrucksvolle Gebäude.

Drittens scheint es, als sei der einzige Grund für ihren Aufenthalt hier die Beobachtung der Sonnenpositionen gewesen – und dies hing wahrscheinlich mit der Wichtigkeit des Sonneneinflusses auf die Erde zusammen.

Und viertens haben die Anasazi von Hovenweep diesen Canyon genau zum selben Zeitpunkt verlassen, an dem auch die Türen der Pueblos in Mesa Verde für immer geschlossen wurden.

Das Leben an diesem isolierten Ort namens Hovenweep hat abrupt geendet. Die Anasazi hatten einen Beschluss gefasst: »Wir müssen fort!«

15
Indianerhimmel über Arizona

Nordost-Arizona

Von Howenweep fahre ich nach Süden und komme bald in das Navaho-Reservat. Der Weg führt durch felsiges, spärlich bewachsenes Gelände. Im Osten liegt die Silhouette des Berges »Sleeping Ute« (Schlafender Utah). Diese zwanzig Kilometer lange Bergkette schützt das Zentrum des Utah-Reservats vor dem Westwind.

Wenn man die Umrisse der Bergkette betrachtet, hat man tatsächlich den Eindruck, als läge dort ein schlafender Indianer. Sein Kopf ruht im Norden, er hat die Arme über der Brust verschränkt und man sieht ganz deutlich seinen Bauch, die Hüften, Knie, Füße und sogar seine Zehen. Legenden erzählen, dass einst der große, heilige Krieger kam, um die Ahnen der Utah gegen ihre Feinde zu unterstützen. Nach einer Schlacht, in der er verwundet wurde, legte sich der heilige Krieger hin und fiel in tiefen Schlaf.

Wenn sich über dem »Schlafenden Utah« Nebel und Wolken sammeln, wird sich das Wetter ändern. Ist er in helles Grün gekleidet, naht der Frühling, und im Sommer trägt er Dunkelgrün. Im Herbst ist sein Gewand gelb und rot und im Winter weiß. Ballen sich die Wolken um den höchsten Gipfel, bringt die Gottheit in ihren Taschen Regen. Die Utah glauben, dass er irgendwann wieder aufstehen und seinem Volk in der Schlacht gegen den (modernen?) Feind beistehen wird.

Foto 59: Die Bergkette »Sleeping Ute« sieht wie die Silhouette eines Indianers aus, der sich zum Schlafen hingelegt hat. Laut der Legenden wird er eines Tages aufwachen.

Vor den Utah wohnten auf der Bergkette des Schlafenden die Anasazi. Sie bauten ihre Pueblos in den Klippen des Mancos Canyon. Wenn man diese besichtigen will, muss man zuvor einen Termin mit einem Utah-Touristenführer vereinbaren. Die Siedlungen entstanden um 1140 und waren nur eine Generation lang bewohnt. Eine zweite Bauphase gab es 1195, als das »Adlernest«, das »Haus neben einem Baum« und andere Siedlungen erneut bewohnt waren und erweitert wurden. Die runden Steinkivas und die typischen Steintürme hat man in die Höhlen der Klippen hineingebaut. Noch heute kann man in den Kivas die Überreste von Wandmalereien sehen. Eine weitere Generation lang blühte hier das Leben, und dann zogen sich die Anasazi für immer zurück.

Ich lasse den »Schlafenden Utah« hinter mir zurück, und nach weiteren dreißig Kilometern bringt mich eine steile Straße zu einem Hochplateau hinauf. Ich lege eine Pause auf einem Parkplatz ein, wo die Ecken von vier amerikanischen Bundesstaaten – Utah, Colorado, Neumexiko und Arizona – einander berühren. Darauf weist eine Granitplakette mit Inschrift hin, die ein Touristenmagnet ist. Wenn man sich genau in den Kreis stellt, befindet man sich in vier Bundesstaaten gleichzeitig. Auch ich konnte dieser einmaligen Gelegenheit nicht widerstehen.

Foto 60: Das »Four Corners Monument« (Vierländereck) – hier kann man gleichzeitig in den vier Bundesstaaten Utah, Arizona, Colorado und Neumexiko stehen.

Die erbarmungslose Augusthitze erlaubt es mir nicht, allzu viel Zeit an den Souvenirständen der Navaho und Utah zu verbringen, die jede Menge Keramiken, Halbedelsteine und

Schmuck, Häute, Pfeile, Zeichnungen, Gemälde, Textilien und die typischen, vielfarbigen Sandzeichnungen feilbieten. Leider wollen die Inhaber des »Navaho Tacos«-Standes nicht mit mir reden, wenn ich nichts kaufe.

Ich lasse den »Vierländerpunkt« hinter mir und fahre weiter. Ein Schild verkündet: »Willkommen in Arizona«, und ein anderes: »Willkommen im Navaho-Reservat.« Die Umgebung ist gleichbleibend ungastlich – überall nur Steine und Gestrüpp.

Foto 61: Willkommen im Navaho-Staat in Arizona. Mit 100.000 Stammesmitgliedern ist dies die größte Indianergruppe der Vereinigten Staaten.

Mit 100.000 Stammesmitgliedern sind die Navaho die größte Indianergruppe der Vereinigten Staaten. Doch sowohl die Bevölkerungszahl als auch die Flächengröße sind nur ein Bruchteil dessen, was diesen Stamm früher ausgemacht hat. Erst wurden die Navaho im 16. und 17. Jahrhundert von den Spaniern erobert (und brutal von Pocken dahingerafft), und dann kamen die Weißen, die sie besiegten, gewaltsam umsiedelten und 1868 in Reservate sperrten.

Hier wollen wir ein wenig innehalten, um uns einen besseren Überblick zu verschaffen.

Die Anasazi hatten schon im 10. Jahrhundert eine Zivilisation entwickelt, die die gesamten südwestlichen Gebiete der heutigen Vereinigten Staaten dominierte. Damals kamen aus dem Norden die kriegerischen Navaho in diese Gegend. Diese vergleichsweise primitiven Nomaden kämpften gegen die Anasazi.

Aus dieser Zeit stammt das Navaho-Wort *Anasazi*, das eigentlich »die Feinde unserer Ahnen« bedeutet. Später gaben die Navaho den Kampf gegen diese fortgeschrittene Zivilisation auf und begannen, von ihr zu lernen. Sie bebauten das Land, flochten Körbe und malten mit farbigem Sand ...

Die Navaho waren von dem höheren spirituellen Wissen der Anasazi fasziniert, die sogar meteorologische Bedingungen beeinflussen konnten, indem sie willkürlich »Regen herbeiriefen« und im Voraus die Positionen von Sonne, Mond und Sternen samt ihrem Einfluss auf die Erde kannten.

Den Navaho wurde bewusst, dass die Anasazi eine Erklärung für die komplexe, spirituelle Welt, die sie alle umgab, besaßen. Sie kannten drei verschiedene spirituelle Wesenheiten: 1. die Seelen der Toten, die mit den Wolken verbunden waren und mit deren Hilfe die Anasazi Regen herbeirufen konnten, 2. die Kachina, eine Bezeichnung für jene spirituellen Wesen, die die Naturkräfte und die Himmelskörper repräsentieren, und 3. die »Gottheiten«, Symbole für die Schöpferkraft (die Sonne), das Leben (die Erde), Macht und Unterwerfung (die Schlange) und Verfall (der Tod).

Kein Wunder, dass die Anasazi einen beträchtlichen Einfluss auf die Philosophie, Kunst und Astrologie der Navaho ausübten.

Auch das Bedürfnis, im Einklang mit der Natur zu leben, übernahmen die Navaho von den Anasazi. Dasselbe gilt für die Verbundenheit zwischen den Lebenden und der Seelenwelt.

Die Navaho verstanden das tiefe Grundprinzip der Anasazi: Jeder Mensch ist dem Kosmos gegenüber dafür verantwortlich, sein Leben aufrecht und integer zu führen. Und genau so, wie die Harmonie des Universums sich förderlich auf jedes Individuum auswirkt, sollte das Individuum seinerseits harmonisch zum Wohl des ganzen Kosmos beitragen.

Auch die Himmelsbeobachtung lernten die Navaho von den Anasazi. Zum Beispiel zeigten die zyklischen Bewegungen des Skorpionschwanzes im Sternbild Skorpion (*Gah heet'e'ii*) den Navaho an, wann jedes Jahr die Jagdsaison begann.

Im Sternbild-Pantheon der Navaho gibt es insgesamt 36 Konstellationen. Außerdem sind in der Navaho-Tradition viele einzelne Sterne von großer Bedeutung. Als die Weißen versuchten, diese Navaho-Symbole zu verstehen, benutzten sie vereinfachende Begriffe wie »rituell« oder »Gottheiten«.

Doch die Erklärungen gehen sehr viel tiefer.

Wie zieht man eine Parallele zwischen den Ereignissen am Himmel und denen auf der Erde, zwischen der spirituellen und der materiellen Welt und zwischen dem galaktischen Tanz der Himmelskörper und dem Alltag eines nordamerikanischen Prärieindianers?

Der Polarstern symbolisiert das Lagerfeuer in der Mitte eines Navaho-Zelts. Die Sternbilder des Großen Bären und der Kassiopeia, die den Polarstern umrunden, repräsentieren das Ehepaar (*Nahookos*) in seinem Zelt. Daher rührt das

Navaho-Gesetz, dass es jeweils nur einem Paar erlaubt ist, innerhalb desselben Zelts zu kochen.

Aufgrund der nomadischen Lebensweise der Navaho bestand ein grundsätzlicher Unterschied zwischen ihrer Kosmologie und der der Anasazi. Für die Anasazi war die Sonne der wichtigste Himmelskörper, den sie »unseren Vater Sonne« nannten. Doch für die Navaho waren der Nachthimmel und die Bewegungen seiner Sternenkonstellationen das Wichtigste, und ihr »Vater« war der Himmel.

Foto 62: Black Mesa, ein Felsplateau im Indianergebiet von Nord-Arizona.

Der Highway 160 bringt mich immer tiefer nach Arizona hinein. Hier gibt es keine Siedlungen. Die einzigen Besonderheiten sind rote und schwarze Felsplateaus, die Red Mesa und die Black Mesa ... sonst gibt es ringsum nichts als einsame Geröllhaufen und kahle Hügel. Ich durchquere die Reservate der Navaho, der Hopi und der Yuma.

Als die Navaho vor tausend Jahren dieses Gebiet erkundeten, überraschte sie der große Einflussbereich der Anasazi, auf den sie stießen, wo sie auch hingingen. Die Hopi und zahlreiche Yuma-Stämme bezogen ihre Kraft und spirituelle Richtungsweisung ebenfalls von der »heiligen Mutter Erde«.

Die Stämme der Mojave, der Cocopa, der Maricopa und der Walapai waren ständig unterwegs. Und allmählich kam es wegen der Nahrungsquellen zu Konflikten mit den immer zahlreicher werdenden Navaho.

Die Stämme der Hopi und der Havasupai lebten dagegen immer am selben Ort. Heute noch sind die staubbedeckten, kahlen Tafelberge der ersten, zweiten und dritten Mesa die Heimat der Hopi.

Die Havasupai waren anspruchsvoller. Sie siedelten im Havasu Canyon, im Flusstal des Coloradoflusses im Gebiet des Grand Canyon. Der Havasu Canyon unterscheidet sich jedoch von allen anderen durch seine natürliche Schönheit. Dieser tausend Meter tiefe Canyon mit seinem blaugrünen Wasser gehört unbestreitbar zu den schönsten Orten auf diesem Planeten.

Die Havasupai, das »Volk des blauen Wassers« (*ha*: Wasser, *vasu*: blau, *pai*: Volk), leben seit tausend Jahren in diesem Canyon. Heute gibt es nur noch etwa 600. Da keine Straßen in ihr Gebiet führen, kann man sie lediglich zu Pferd oder per Hubschrauber aufsuchen, und sie erhalten die alten Traditionen ihrer Vorfahren immer noch aufrecht. Ihre mündlichen Überlieferungen berichten von Schamanen und Sehern, die einst mit den Geistern sprechen und die Zukunft vorhersagen konnten.

Foto 63: Die blaugrünen Gewässer des wunderschönen Havasu Canyon, der Heimat des Havasupai-Stammes im Grand Canyon, Arizona.

Die Zeitgenossen der Anasazi, nämlich die Stämme der Hohokam, Sinagua und Mogollon, existieren nicht mehr. Sie lebten in Teilen des heutigen Arizona und Neumexiko und vermischten sich im 10. Jahrhundert mit den fortschrittlicheren Anasazi.

Die Hohokam kamen vor zweieinhalbtausend Jahren in diese Gegend. Sie standen eindeutig unter dem Einfluss der Maya, denn sie legten Sportplätze an, bauten Wohnhäuser aus Ziegeln und errichteten steinerne Plattformen. Unter ihren Artefakten, die man gefunden hat, sind Gummibälle, rote und weiße Keramiken mit Abbildungen von Tänzern, die einander an den Händen halten, Schmuck und Kupferglocken. Genau wie die Römer, die zu dieser Zeit auf der anderen Seite der Welt ihr Reich gründeten, erfreuten sich die Hohokam an Musik, Tanz und schönen Gegenständen ...

Sie lernten, der nicht allzu fruchtbaren Erde maximale Erträge abzugewinnen: Ein komplexes Bewässerungssystem ermöglichte es ihnen, zwei Mal im Jahr zu ernten. Das heutige Bewässerungssystem in diesem Teil Arizonas wurde direkt auf dem antiken System angelegt. Der Name Hohokam bedeutet »völlig ausgeschöpft« und ist im Hinblick auf das von ihnen bebaute Land sehr treffend.

Die Sinagua (spanisch: »wasserlos«) sind auch als »westliche Anasazi« bekannt. Sie besiedelten den Westteil des heutigen Arizona und standen unter dem Einfluss dreier mächtiger Kulturen. Von den Hohokam lernten sie die Bewässerungstechniken, von den Mogollon die Töpferei, und von den Anasazi den Bau von Pueblos in schroffe, steile Klippen.

Auch die Kultur der Mogollon (»gespaltene Erde«) reicht über zweitausend Jahre weit zurück. Zahlreiche archäologische Funde weisen auf die Entwicklungsgeschichte dieses Volkes und seine Begegnung mit den Anasazi hin, die im 10. Jahrhundert stattfand.

Bald darauf gerieten alle drei Völker – die Mogollon, die Sinagua und die Hohokam – vollständig unter den Einfluss der Anasazi. Sowohl in ihrer Architektur als auch in ihrem Geistesleben fand ein gewaltiger Entwicklungssprung statt. Zum Beispiel fand man in den Mogollon-Ruinen von »Grashopper« (Grashüpfer) in Arizona ein Pueblo mit über 500 Räumen, Kivas und einem offenen, nach Osten ausgerichteten Hauptplatz.

Als im 12. Jahrhundert die erste Welle des Verschwindens der Anasazi stattfand und sie ihre Siedlungen im Chaco Canyon verließen, verschwanden auch die Bewohner einiger Siedlungen dieser drei Völker spurlos. Und als die Anasazi Ende des 13. Jahrhunderts schließlich ganz verschwanden, verliert sich auch jede Spur der drei anderen Völker.

16

Die Botschaft der Hopi

Nordost-Arizona

Es gibt drei verschiedene Anasazi-Baustile: den von Chaco Canyon (Neumexiko), den von Mesa Verde (Colorado) und den von Kajenta (Arizona). Die Pueblos in den Klippen des Arizona-Canyons gehören zum letztgenannten.

Die beiden größten Anasazi-Siedlungen in Arizona, Betatakin und Keet Seel, befinden sich im Navaho National Monument Park. Die Fertigkeiten der Baumeister, die diese Pueblos in die Felsenhöhlen der 2.400 Meter hohen Klippen einbauten, ist Ehrfurcht gebietend. Noch überraschender ist ihre Isolation: Sie waren über 100 Kilometer von allen anderen Ansiedlungen entfernt.

Betatakin bedeutet auf Navaho »Siedlung am Abgrund« und ist mit 135 Räumen ein mittelgroßes Pueblo. Holzanalysen ergaben, dass es zwischen 1250 und 1286 gebaut wurde. Es wurde noch vor 1300 verlassen, zur selben Zeit wie Mesa Verde.

Dass auch diese Siedlung nur fünfzig Jahre lang bewohnt war, obwohl man so viel Mühe in ihren Bau investiert hatte, stützt wiederum die These einer organisierten Abreise der Anasazi, ausgelöst durch irgendeine unwägbare Gefahr.

In Keet Seel (das Navaho-Wort für »zerbrochene Schüssel«) gibt es viel mehr Kivas als in Betatakin. In der Blütezeit dieses Pueblos lebten hier an die hundert Menschen. Um 1300 wurde die Siedlung verlassen. Als die Menschen weggingen, mauerten sie hinter sich die Türen zu, genau wie die Bewohner von Pueblo Bonito. Rechneten sie damit, zurückzukehren?

Foto 64: Das Anasazi-Pueblo von Betatakin wurde in 2.400 Metern Höhe erbaut. Navaho National Monument, Arizona.

Im Gebiet des Grand Canyon, wo der kleine Coloradofluss in den großen mündet, erschienen die geheimnisvollen Hopi hier in der Vierten Welt. Ihre Legenden berichten, dass die Verbindungsgänge, die einst die obere Welt der Erdoberfläche und die untere Welt miteinander verbanden, schon längst verschlossen wurden. Dennoch leben die Hopi weiterhin in der Vierten Welt, wo sie eine besondere Aufgabe zu erfüllen haben und dem Planeten gegenüber eine besondere Verantwortung tragen.

Heute gibt es noch etwa zehntausend Hopi oder, wie sie selbst es ausdrücken würden: zehntausend Seelen. Das Hopi-Reservat wurde 1882 von der amerikanischen Regierung gegründet. Da die Hopi nie gegen die amerikanische Armee gekämpft hatten, blieb ihnen die Deportation nach Oklahoma erspart, die das Schicksal so vieler anderer Stämme gewesen ist.

Der Aufenthalt der Hopi auf diesem Planeten zeichnet sich durch ihre starke Spiritualität aus und durch ihre Fähigkeit, in die Zukunft zu sehen. Ihre Prophezeiungen stehen auf uralten Steintafeln geschrieben. Unter diesen sind Voraussagen der Eisenbahn, die die Hopi als »Pferdelose Wagen« bezeichneten und von denen sie prophezeiten, sie würden sich »an schwarzen Schlangen entlang« durch das Land bewegen. Sie haben vorhergesehen, dass der Mensch den Mond erreichen würde, sprachen ausführlich vom Kommen des Zweiten Weltkrieges, von der wachsenden Vormachtstellung Japans und von der Rolle, die das Hakenkreuz bei den Nazis spielen sollte. Besonders bemerkenswert ist eine Rede, die ihre Anführer vor den Vereinten Nationen hielten und in der sie die Zukunft der Menschheit durchaus nicht in rosigen Farben schilderten.

Die Hopi leben schon seit tausend Jahren auf den felsigen, hohen Mesas von Nord-Arizona. Ihr Blut ist rein geblieben, da sie sich nicht mit anderen Völkern vermischt haben. Auf der Straße nach Old Oraibi steht auf einem Jahrzehnte alten Schild: »Warnung! Weißen ist der Zutritt verboten, denn Weißen gelingt es nicht, die Stammesgesetze zu respektieren – weder die Gesetze unseres Stammes noch die ihrer eigenen Stämme. Diese Gemeinschaft ist Besuchern verschlossen.«

Das Plateau der Black Mesa ist über zweitausend Meter hoch und fällt nach Süden hin allmählich ab, sodass drei kleinere Tafelberge oder Mesas entstehen: First, Second und Third Mesa (erste, zweite und dritte Mesa). In diesem kleinen Gebiet konzentriert sich die reiche Vergangenheit der Hopi.

Die Siedlung Walpi befindet sich auf der ersten Mesa. Sie wurde von den Hopi 1680 nach einem erfolgreichen Aufstand gegen die Spanier erbaut. Fotografieren ist nicht erlaubt.

Auf der zweiten Mesa liegt die Siedlung Mishongovi, die im 12. Jahrhundert gegründet wurde. In jedem Jahr mit einer ungeraden Jahreszahl zelebrieren die Hopi hier den berühmten »Schlangentanz«. Im benachbarten Shungopavi geschieht das sogar jedes Jahr.

Der Schlangentanz ist ein geheimes, heiliges Ritual, bei dem es um Regen und Wohlstand geht. 1923 wollte die amerikanische Regierung diesen Tanz verbieten, mit der Begründung, dass die Hopi nicht im August um einer religiösen Zeremonie willen eine ganze Woche Urlaub nehmen sollten. Die Regierung schlug vor, die Zeremonie doch auf den Winter zu verlegen, da die Hopi dann nicht auf den Feldern arbeiten mussten. Der Versuch schlug natürlich fehl, aber er beweist wieder einmal das völlige Unverständnis, das die Regierung dem geistigen Leben der uramerikanischen Bevölkerung entgegenbringt.

Old Oraibi liegt auf der dritten Mesa und ist seit 1100 bewohnt. Der Himmel über dieser Gegend ist leuchtend und klar. Die Sterne und Planeten sind ohne Weiteres zu sehen, strahlend und vielfarbig. In dieser Weite fällt es der Seele leicht, zu fliegen.

Die Hopi bitten die Besucher, jede Fußbreit Boden auf ihrem Gebiet zu respektieren, denn er ist ihnen heilig. Dieses Land ist »der heilige Kreis der Hopi-Welt«, und hier werden sie leben, bis sie ins nächste Universum weiterziehen. Die Erde mag dürr und unfruchtbar erscheinen, aber dies ist lediglich eine Illusion, ein Taschenspielertrick für die Besucher, die ausschließlich in ihrer eigenen, materiellen Welt leben. In Wahrheit ist diese Gegend auf spiritueller Ebene äußerst fruchtbar, und man sollte die Hopi keinesfalls unterschätzen. Tatsächlich sind ihre Kultur und ihre spirituellen Erfahrungen beneidenswert.

Illustration 65: Petroglyphe der Hopi in der Nähe der uralten Siedlung Oraibi, genannt »der Orakelstein«.

In der Nähe von Oraibi gibt es eine Petroglyphe, die mehrere Hopi-Prophezeiungen zusammenfasst. Die menschliche Figur auf der linken Seite symbolisiert den Großen Geist. Das Gefäß neben ihm ist ein Teil der Anweisungen an die Hopi, ihre Waffen niederzulegen. Die erste senkrechte Linie ist der Anfang einer Zeitskala, die Jahrtausende umfasst. Der Weg des Lebens ist in zwei Möglichkeiten unterteilt: Leben im Einklang mit dem Planeten wird durch den unteren Teil der Linie symbolisiert, während der obere Teil den materialistischen, wissenschaftlichen Lebensweg repräsentiert. Eine lange waagerechte Linie repräsentiert das Erscheinen des weißen Mannes, und das Kreuz symbolisiert das Christentum. Die vier menschlichen Figuren ganz oben bedeuten die drei vergangenen Welten und die gegenwärtige Welt, in der wir heute leben. Zwei Kreise auf der untersten Waagerechten stehen für zwei weltweite »Störungen« (den Ersten und Zweiten Weltkrieg). Das Hakenkreuz in der Sonne ganz links und das Keltenkreuz ganz rechts repräsentieren die beiden Helfer des Pahana, einem wahren weißen Bruder. Die dritte, dickere senkrechte Linie bedeutet die letzte Chance der Menschheit – wenn wir auf dem Weg der Disharmonie weitergehen und nicht auf den spirituellen Weg zurückkehren, werden beide Zivilisationen zerfallen. Im zweiten Fall repräsentiert der Kreis rechts auf der unteren Linie eine Phase der Reinigung, nach der der Mais wieder im Überfluss wachsen wird. Der Große Geist wird zurückkehren, und der Lebensweg wird für immer weitergehen ...

Der erste Fremde, den die Bewohner von Old Oraibi sahen, war hungrig und unbewaffnet. Sein Haar war lang und ungepflegt, und er trug eine Tierhaut. Nach ihm kamen mehrere Frauen und Mädchen, alle ähnlich gekleidet und genauso heimatlos und hungrig. Die Hopi waren gut zu diesen Primitiven. Sie gaben ihnen zu essen und wiesen ihnen einen Wohnplatz zu. Sie lehrten sie, Felder zu bearbeiten und Baumwolle zu spinnen. Sie nannten sie *Tasavuh* (*tu* = Person, *savuhta* = schlagen), weil sie ihre Feinde töteten, indem sie sie mit einem Steinbeil auf den Kopf schlugen.

Heute tragen die Tasavuh den Namen Navaho.

Die Hopi erlaubten ihnen nicht, an ihren Zeremonien teilzunehmen, aber die Tasavuh waren gute Beobachter. Im Laufe der Zeit begannen sie, die Hopi nachzuahmen.

Während der langen Wintermonate merkten die Hopi, dass die Tasavuh keine eigenen Legenden und Erinnerungen an ihre Ahnen besaßen. Und außerdem fiel ihnen auf, dass die Tasavuh die Mahlzeiten erst beendeten, wenn nichts mehr zu essen übrig war.

Bald besuchten zur Erntezeit immer mehr Tasavuh-Gruppen die Hopi. Dann begannen die Tasavuh, den Hopi ihre Getreidevorräte zu stehlen. Eines Morgens verbreitete sich die Nachricht, dass die Tasavuh das Weizenfeld in Brand gesteckt und mehrere Hopi getötet hatten. Das bedeutete Krieg!

Die Tasavuh sammelten ihre Krieger im Tal. Signalfeuer brannten von Savatuk bis Kalava. Die Hopi riefen ihre gesamte Erwachsenenbevölkerung dazu auf, die Waffen zu ergreifen. Die beiden Armeen standen einander gegenüber. Die Hopi hatten den strikten Befehl, nicht von sich aus mit dem Kämpfen zu beginnen. Wenn die Tasavuh den ersten Pfeil abschossen, würden sie die Schuld an diesem Krieg tragen.

Es vergingen mehrere Stunden, aber es brach kein Kampf aus. Die Tasavuh sahen zu ihrem Entsetzen eine Vision von zwei bewaffneten, weiß gekleideten Kriegern, die vor den Hopi-Truppen standen und diese beschützten.

Die Sonne stand schon am Mittagspunkt, als eine Tasavuh-Frau vor ihre Stammestruppen trat und sie als Feiglinge beschimpfte. Allein bewegte sie sich auf die Armee der Hopi zu. Zwei Tasavuh-Krieger gingen mit ihr, um sie zu schützen. Die Hopi wussten, dass dies das Zeichen zum Beginn der Kampfhandlungen war. Speere flogen und töteten einen der beiden Krieger. Nun begann die Schlacht. Am nächsten Tag war das Tal in Blut gebadet. Die Hopi hatten ihre Siedlung verteidigt, aber das war nicht das Ende ihrer Probleme.

Denn Jahrhunderte später kam die Gefahr erneut, in Gestalt der Weißen, der Navaho und der Apachen, die das friedvolle Leben der Hopi für immer zerstörten, obwohl die Hopi Friedensmenschen waren, die nie an Konflikte geglaubt hatten.

Ein Schrei erhebt sich über die staubigen Wege um die Hopi-Siedlung. Trommeln dröhnen im selben Rhythmus und Ton. Das Zischen der Schlangen lässt alle zusammenfahren. Maskierte Hopi folgen dem heiligen Pfad der Maiskörner, die die Schamanen für sie ausgestreut haben.

Foto 66: Der Kachina-»Adler« der Hopi von Arizona ist eins ihrer 250 Symbole der Naturkräfte.

Das Wort Kachina kann sich auf dreierlei beziehen: die Geister der Toten und der Naturkräfte, die rituellen Masken und die kleinen Puppen, die alle Naturkräfte repräsentieren (insgesamt 250). Als die Hopi auf die Erdoberfläche kamen, begegneten ihnen übernatürliche Wesen, die sie lehrten, ihre Zeremonien auszuführen, Fruchtbarkeit und Heilung zu erbitten und Regen herbeizurufen ...

Mythen verbinden die Prophezeiungen der Azteken, Hopi und Maya.

Die Azteken wussten durch ihre Prophezeiungen, dass im Jahr *ce acatl* (1519) das lange erwartete, höher entwickelte Wesen kommen würde: der bärtige Quetzalcoatl. Wer in diesem Jahr jedoch erschien, war der bärtige Hernán Cortéz, der Anführer der Konquistadoren. Er nutzte die Gastfreundschaft des Aztekenkönigs Moctezuma weidlich aus und eroberte ganz Mexiko im Namen der spanischen Krone.

Fünfhundert Jahre davor war die weiße Gottheit Kukulkan von Tula in die 2.000 Kilometer weit entfernte Stadt Chichen Itzu geflogen und hatte damit eine Prophezeiung der Maya erfüllt. Aber die Maya erwarteten Kukulkan nicht zur Begrüßung. Es war, als hätten sie gewusst, dass etwas Ungutes im Gange war.

Das geheimnisvolle Verschwinden der Anasazi erfolgte später als das Verschwinden der Maya. Hatten auch sie beschlossen, fortzuziehen, bevor sie unter die Knute des weißen Mannes gerieten?

Die Hopi sagten das Erscheinen des »verlorenen weißen Bruders Pahana« voraus. Wäre er pünktlich im Jahr 1519 erschienen, hätten sie ihn am Fuß der dritten Mesa erwartet. Doch da er sich verspätete, warteten sie in der Nähe von Oraibi. Und tatsächlich: Wenn auch zwanzig Jahre zu spät, erschien der Konquistador Pedro de Tovar mit siebzehn Berittenen an der Mesa. Hätte es sich um den wahren Pahana gehandelt, dann hätte er gewusst, wie er auf die vorgestreckte, geöffnete Hand des Hopi-Häuptlings hätte reagieren sollen. Er hätte seine eigene Hand mit der Handfläche nach unten ausgestreckt, sie hätten einander bei den Händen ergriffen und sie geschüttelt: das uralte Symbol der Bruderschaft. Stattdessen befahl Tovar seinen Männern, Gaben in die ausgestreckte Hand des Häuptlings zu legen, weil er glaubte, dass dies von ihm erwartet wurde.

Da wusste der Häuptling, dass Pahana die uralten Menschenregeln aus den unterschiedlichen Zivilisationen vergessen hatte. Und er spürte, dass dies für sein Volk Gefahr bedeutete. Was darauf folgte, waren weitere Expeditionen, Taufen, der Bau katholischer Missionsstationen und die Versklavung der Hopi.

Im folgenden Jahrhundert verbündeten sich die Hopi mit anderen Pueblo-Stämmen und organisierten 1680 einen Aufstand gegen die Spanier. Sie besiegten sie und trieben sie für eine Weile zurück nach Mexiko. Das öde Gebiet, in dem die Hopi lebten, wirkte weder auf die Spanier noch auf die Briten anziehend genug für eine erneute Invasion. Aber die Hopi warteten weiterhin auf den wahren Pahana, das Symbol für die universale Bruderschaft aller Menschen.

Man stelle sich nur vor, was geschehen wäre, wenn damals das Wissen Europas und die spirituellen Errungenschaften der Kulturen Mittel- und Südamerikas miteinander vereinigt worden wären! Wäre dies vor tausend oder auch nur fünfhundert Jahren geschehen, hätte unsere Welt heute ein völlig anderes Gesicht.

Aber statt Kommunikation regierte das Schwert, und statt Kooperation herrschten Herrschaft und Unterdrückung.

Das Gemüt des weißen Mannes war durch seine Machtgier vergiftet, wodurch er ungeheure Mengen an negativer Energie generierte. Zugleich waren die uramerikanischen Völker mit ihren reinen Gedanken und uralten Prophezeiungen nicht auf Konflikte vorbereitet, sondern auf Zusammenarbeit.

Die Frage ist: Lag der Fehler in den Prophezeiungen selbst? Oder war in der Zwischenzeit etwas geschehen, das den Lauf der Ereignisse entscheidend beeinflusst und das den weißen Mann womöglich zum Schlechteren verändert hatte? Es ist, als sei er von irgendeiner negativen Macht besessen, deren Druck auch heute noch nicht nachlässt.

Haben die fortgeschrittenen Anasazi und Maya womöglich diese Veränderung erkannt und deshalb rechtzeitig beschlossen, sich von der irdischen Bühne zurückzuziehen?

17
Canyon de Chelly

Canyon de Chelly, Arizona

Ich fahre mit gleichmäßiger Geschwindigkeit in Richtung Ost-Arizona. Am Horizont gehen das rote Wüstengestein und der Himmel ineinander über. Ab und zu ragt ein einsamer Fels wie eine Insel aus dem endlosen Meer der Wüste. Allmählich verändert sich das Bild. In der Ferne erheben sich zwei Tafelberge. Der eine ist öde und trocken. Der andere, auf gleicher Höhe, ist grün. Sie sind gleich hoch und vom selben Umfang. Über dem grünen stehen Wolken, bald sehe ich Blitze, und ein grauer Vorhang verhüllt den oberen Teil des Tafelberges. Ich frage mich, ob dies womöglich das greifbare Resultat der Arbeit von Sehern ist, die Jahrhunderte lang hier lebten und nur für ihre Mesa um Regen baten, sodass das andere Plateau unfruchtbar blieb.

Ich fahre am südlichen Rand des Navaho-Reservats entlang, das über 65.000 Quadratkilometer umfasst. Die Navaho nennen sich selbst *Dine* (»Volk«). Als die Spanier Anfang des 17. Jahrhunderts in diese Gegend kamen, gaben sie ihnen den Namen »Apache de Navajo«: Apache, der das Land bebaut. Und so ist der Name Navaho entstanden.

Bei den Navaho gilt Augenkontakt als unhöflich. Wenn man sich mit einer Gruppe Navaho unterhält, sehen einige zu Boden und andere blicken zur Seite, obwohl sie einem genau zuhören. Die Dine lernen schon von klein auf, nicht viel zu reden, keinen Lärm zu machen und Fremden gegenüber verschlossen zu sein. Sie berühren einander kaum, ein sanfter Händedruck ist das Beste, auf das man hoffen kann.

Foto 67: Der rituelle »Regentanz« hatte Erfolg. Black Mesa, Arizona.

Ich komme in Chinle an. Diese kleine Stadt entwickelte sich um einen früheren indianischen Handelsposten herum. Die Dine nannten sie *Chin-lee*, der Ort, an dem das Wasser austritt, denn er liegt am Eingang des Canyon de Chelly.

Der Canyon ist etwa vierzig Kilometer lang und birgt mehrere schöne Anasazi-Siedlungen. Bisher wurden über 700 Ruinen und Überreste der Anasazi- und Navaho-Kulturen gefunden, die in diesem Canyon erhalten geblieben sind. Heute steht er unter Denkmalschutz, aber dennoch leben hier etwa vierzig Navaho-Familien.

Die Geschichte des Namens für diesen Canyon ist typisch. Der alte Anasazi-Name ist nicht erhalten geblieben. Die Navaho nannten ihn *Tseyi* (im Fels), und die Spanier im 17. Jahrhundert verwechselten dies mit ihrem eigenen Wort *Chegui*, worauf die angloamerikanischen Pioniere ihrerseits wieder eine falsche Übertragung schufen und ihn »Chelly« nannten. Letzten Endes steht in unseren zeitgenössischen Landkarten der Name Canyon de Chelly (»de shei«), von dem kein Amerikaner weiß, wie man ihn richtig ausspricht.

Im Touristenzentrum sind alle Angestellten Navaho. Auch in der nahen Tankstelle, in der Schule und in allen Läden gibt es nur Navaho. Man hört die Navaho-Sprache häufiger als Englisch.

Den Canyon darf man nur in Begleitung eines Navaho-Führers besichtigen. Und unter der Voraussetzung, dass man einen Wagen mit Vierradantrieb besitzt. Als ich auf dem Parkplatz nachsehe, stelle ich fest, dass mein gemieteter Hyundai Santa Fè nur Zweiradantrieb hat. Ich gehe zurück ins Besucherzentrum und trage in den Fragebogen an der entsprechenden Stelle dennoch ein, dass ich Vierradantrieb habe. Einer der Navaho begleitet mich hinaus, wirft einen Blick auf den Unterboden des Autos und nickt. Er beschließt, dass ich durch den Canyon fahren kann. In diesem Moment halte ich das Ganze für eine reine Formalität. Es wird behauptet, dass manchmal Autos im Sand stecken bleiben. Ich glaube nicht, dass mir heute so etwas passieren kann.

Sie rufen einen Führer an. Zehn Minuten später erscheint ein dicker, fünfzigjähriger Mann, der sich mir vorstellt: »Ich bin Dave Wilson und werde heute Ihr Führer sein.« Ich fülle die Genehmigung zu Ende aus, und wir unterschreiben beide.

»Jetzt wollen wir uns Ihren Wagen mal ansehen«, sagt er.

Auf dem Parkplatz bückt sich Dave und misst die Höhe des Unterbodens. Er klettert in den Fahrersitz und betrachtet den Steuerknüppel. Er schüttelt den Kopf. »Ich bin nicht sicher, dass wir damit nicht stecken bleiben. Aber wir können es versuchen, auf Ihr eigenes Risiko.«

Ich nicke zustimmend.

Wir fahren vom Touristenzentrum weg, überqueren die Straße, und Dave bedeutet mir, in einen Feldweg einzubiegen, der durch die Navaho-Siedlung führt. Ich nehme an, dies sei eine Art Abkürzung. Aber dann fahren wir am anderen Ende der Siedlung auf eine ungepflasterte Lichtung. Offensichtlich gibt es nun keine gepflasterten Straßen mehr. Wir befinden uns am Eingang zum Canyon. Er ist hundert Meter breit und schlängelt sich über eine Länge von zehn Kilometern. Unter den Reifen ist nichts als Sand. Seine Oberfläche ist trocken, weiß und flockig. Aber ein paar Zentimeter tiefer wird er feucht, und die Sandschicht ist sehr tief. Dave warnt mich, nicht zu langsam zu fahren und ja nicht anzuhalten. Hunderte von Reifenspuren haben sich in den Sand eingegraben. Ich folge einer dieser Spuren. Ein Dutzend Navaho-Teenager spielt Fußball. Wir fahren an ihnen vorbei. Ich spüre, dass der Sand feuchter wird und dass sich die Reifen tiefer hinein graben. Ich versuche, zu beschleunigen, aber das Auto wird langsamer. Ich nehme Gas weg, aber dadurch kämpft das Auto nur noch mehr. Und dann bleibt es stehen. Ich denke, wenn ich ein kleines Stück rückwärts fahre, kommen die Reifen bestimmt wieder frei. Aber dadurch graben sie sich nur noch tiefer in den nassen Sand. Jetzt verstehe ich, warum man einen Vierradantrieb und breitere Reifen braucht.

Die Klippen über diesem Canyon sind zum Teil 250 Meter hoch. Ihre Oberfläche ist auffallend, denn sie ist schwarz, als hätte jemand aus großer Höhe tonnenweise Teer auf diese Mesa geschüttet. Der geologische Fachbegriff dafür ist »Wüstenglasur«: eine dünne, mineralische Schicht, entstanden durch Bakterien, die in den Felswänden leben. Sie entziehen der Luft Mangan, das sie »verdauen«. Dieser Verdauungsprozess verschmilzt das Mangan mit den Felswänden des Canyons.

Auf der Steilwand einer hohen Klippe vor mir kann ich 300 Millionen geologischer Jahre verfolgen. Am Fuß der Klippe sieht man die älteste Schicht, genannt Supai. In ihr hat man Fossilien von Pflanzen aus der Zeit gefunden, in der hier noch ein feuchtes, subtropisches Klima herrschte. Darüber liegt eine Schicht »De-Chelly-Kreide«, die sich bildete, als das Klima vor 250 Millionen Jahren trocken und wüstenartig wurde. Durch vom Wind getragene Sedimente und Sand entstanden damals auch die berühmten roten Klippen des Canyons. Eine noch höhere Schicht ist das 200 Millionen Jahre alte »Shinarump-Konglomerat«, das aus graubraunem quarzhaltigen Felsen, Basalt und versteinertem Holz besteht.

Millionen Jahre vergingen, Tier- und Pflanzenspezies entstanden und verschwanden wieder spurlos. Als die Dinosaurier ausgestorben waren, hob sich in diesem Teil des Planeten der felsige Boden, sodass die Tafelberge entstanden. Vor 63 Millionen Jahren, und dann noch einmal vor drei Millionen Jahren, hoben sich die Felswände des Canyons empor, die Flüsse durchdrangen den Stein, und die Erosion trug das Ihrige zur Gestaltung der Formen bei, die wir heute sehen.

Foto 68: »Wüstenglasur«, eine 300 Millionen Jahre alte Manganschicht, die die Felswände des Canyons bedeckt. Canyon de Chelly, Arizona.

Am Ende der jüngsten Eiszeit vor etwa zehntausend Jahren veränderte sich jedoch nicht allzu viel. Die Menschen begannen, Steine als Werkzeuge und Waffen zu benutzen, mit deren Hilfe sie Behausungen bauten, Nahrung zubereiteten und Farben und Töpferwaren herstellten. Die Anasazi erschienen, verschwanden jedoch bald darauf wieder. Auf sie folgten die Navaho, von denen einige bis heute geblieben sind.

Für die Klippen des Canyons ist die Zeitspanne, in der der Mensch hier lebte, geradezu bedeutungslos kurz. Im Vergleich mit den Hundertmillionen von Jahren, die dieser Canyon alt ist, bedeuten ein paar hundert Jahre *Homo sapiens* höchstens einen Wimpernschlag.

Dave ruft die Fußballspieler herbei, um uns zu helfen. Sie nähern sich nur zögernd. »Das ist heute schon das dritte Auto, das stecken bleibt«, beschweren sie sich. Fünf oder sechs Paar Hände schieben uns aus dem Sand. Diesmal bin ich fest entschlossen, nicht zu langsam zu fahren.

Foto 69: Der Autor (links) mit Dave Wilson, einem Navaho-Touristenführer, vor dem Eingang des Canyon de Chelly, Arizona.

»Wie lange arbeiten Sie schon als Führer in diesem Canyon, Dave?«, beginne ich das Gespräch.

»Seit fast vierzig Jahren«, antwortet er. »Jetzt bin ich der Leiter der Touristenführer und aller Navaho, die mit dem Touristenservice zu tun haben, von der Pferdevermietung bis zum Abschleppdienst und noch vieles mehr. Insgesamt 140 Leute.«

»Arbeiten viele Navaho hier im Nationalpark?«, frage ich.

»Oh ja, sowohl Erwachsene als auch Teenager. Manche leben hier im Canyon, manche in der Stadt Chinle. Aber einige sind neidisch auf meine Position.« Beim letzten Satz rafft er sein Hemd hoch. Auf seinem Bauch ist eine tiefe Narbe.

»Das ist passiert, als mein Vetter versucht hat, mich umzubringen«, sagt er völlig unbeteiligt.

»Hat man ihn erwischt?«, will ich wissen, denn er hat mich neugierig gemacht.

»Ja, aber er hat behauptet, er habe geschossen, weil er dachte, ich sei ein Bär. Und ich habe keine Anklage erhoben.«

Wir kommen auf eine Lichtung, deren Boden etwas härter ist. Dave bittet mich anzuhalten. Wir steigen aus, und er zeigt auf die Felswände des Canyons, durch die hier ein tiefer Riss verläuft.

»Anasazi-Piktogramme«, erklärt er. Wir gehen näher heran. Auf der Felswand befinden sich drei Symbole, die mir inzwischen schon vertraut sind. Der Kokopeli (ein Flötenspieler und Fruchtbarkeitssymbol), die Figur eines Sehers (der Häuptling des Klans und der Siedlung) sowie Handabdrücke, die einen heiligen Ort markieren. Die Piktogramme sind mit weißer Farbe gemalt. (Die Anasazi gewannen weiße Farbe, indem sie weißen Lehm zu Pulver zerstießen und mit Pflanzenöl, Eiweiß und Wasser vermischten.)

Der Kokopeli, die beliebteste Gottheit im Südwesten Nordamerikas, trägt auch den Spitznamen »Anasazi-Casanova«. Es heißt, dieser »Casanova« habe die Anasazi-Siedlungen mit einem Rucksack voller Samen besucht und die Anasazi gelehrt, Mais anzupflanzen. Nachts, wenn die Menschen schliefen, spielte Kokopeli in den Maisfeldern auf seiner Flöte, und am nächsten Morgen stellten die Bewohner fest, dass ihre Felder mannshohe Maispflanzen trugen. Zur gleichen Zeit wurden viele Frauen und Mädchen schwanger ...

Koko (Holz) *i pilau* (Samenbeutel) zog Wärme direkt aus dem Mittelpunkt der Erde und verteilte diese überall um sich herum.

Foto 70: Kokopeli mit seiner Flöte, ein Symbol der Fruchtbarkeit für das Land und die Familie, aber auch für die Liebe.

Der Flötenspieler, als den die Legenden diesen Besucher beschreiben, war in jedem Dorf willkommen, denn er symbolisierte die Fruchtbarkeit – sowohl die der Pflanzen als auch die der Hoffnungen, der Träume und der Liebe.

Die Hopi-Legenden berichten noch mehr Einzelheiten. Dort heißt es, dass die ersten Hopi, die aus dem Erdmittelpunkt in diese Vierte Welt kamen, von zwei »Mahu«-Insekten geführt wurden, die Hitze erzeugten. Auf der Erdoberfläche begegneten sie dem Adler und baten ihn um die Erlaubnis, hier zu leben. Der Adler unterzog die Mahu einer Prüfung. Zuerst schoss er einen Pfeil auf ihre Augen ab, aber sie zwinkerten nicht. Dann schlug er eins von ihnen mit seinem Pfeil, doch dieses begann, trotz seiner Wunde die Flöte zu spielen. Die sanfte Melodie drang überall hin. Daraufhin schlug der Adler das andere Insekt mit einem Pfeil, aber auch dieses begann zu spielen. Da sagte der Adler: »Nun habt ihr die Prüfung bestanden und dürft hier leben. Wenn ihr mit unserem Vater Sonne sprechen wollt, dürft ihr die Pfeile aus meinem Köcher benutzen, und ich werde eure Botschaft zu ihm bringen ...«

Niemand weiß, wie es kam, dass aus einem Insekt erst ein buckliger Zwerg und dann ein Casanova mit einem Rucksack voller Samen wurde – aber mich überrascht es nicht.

Um die Geschichte zu Ende zu führen, muss ich allerdings zugeben, dass der Kokopeli auf diesen Piktoglyphen nicht der ursprüngliche Held ist, da diese erst vor tausend Jahren in den Anasazi-Siedlungen entstanden.

Die erste Petroglyphe von Kokopeli entstand in Amerika vor mindestens 3.000 Jahren – eindeutig vor der Gründung der ersten Hopi-Siedlung in Oraibi, die etwa ein Jahrtausend zurückliegt, und der Gründung der ersten Anasazi-Siedlung vor 1.200 Jahren. Kokopeli tauchte zuerst im Osten des nordamerikanischen Kontinents auf und später auch an der pazifischen Westküste, wo sein Abbild in Muschelschalen eingeritzt wurde. Gewisse Legenden legen nahe, dass Kokopeli in uralter Zeit ein toltekischer Tauschhändler war, der von Mexiko aus beide Küsten bereiste.

Kokopeli war den alten Kulturen, deren Einflussgebiete von Südamerika bis nach Kanada reichten, wohl vertraut.

Die Sprachforschung eröffnet uns einen noch tieferen Einblick in die Geschichte. Worin besteht die Verbindung zwischen den Hopi von Arizona und ihrem Schlangentanz und dem Stamm der Khopi (Hopi, Opi oder L'Hopitai) von Usbekistan, die einst aus dem indischen Sprachraum dorthin kamen und für ihren uralten Schlangenkult bekannt sind?

Vor 10.000 Jahren hießen die Stadtstaaten der Hopi in Usbekistan »Khivas«. Wie wir wissen, war die Kiva bei den Hopi von Arizona das Herz, die »Heimat«. Die usbekischen Häuser waren rund, und man betrat sie mit Hilfe einer Leiter vom Dach aus. Das Wort »kiva« hat sowohl im altindischen Sanskrit als auch in der Hopi-Sprache dieselbe Bedeutung: *ki* (Ameisenhügel) plus *va* (Wohnort).

In der uralten Zeit, bevor die indischen Veden entstanden, hieß die Gottheit des Glücks und der Zufriedenheit Kubera oder Kuha. Sie hatte die Gestalt eines Zwerges (wie Kokopeli) mit einem Buckel, einen runden Bauch, sechs Zehen, acht Zähne und drei Beine (bei den Anasazi ist der Penis des Kokopeli so lang wie ein drittes Bein) und trug einen Gürtel. Diese Figur galt überall als Glückssymbol. Die Namen unterscheiden sich etwas, aber die Charaktereigenschaften sind dieselben.

Die Gemahlin des amerikanischen Kokopeli heißt Kokopelimana. In der Hopi-Sprache bedeutet *mana* Frau und im Sanskrit *mena*. Sie spielte in beiden Legenden dieselbe Rolle und war jede Nacht aktiv, um die Sterblichen sexuell zu befriedigen.

Ist das etwa ein linguistischer Zufall?

Ich betrachte das weiße Piktogramm Kokopelis im Canyon de Chelly. Auf dem Kopf sind zwei Linien: Haar und Kopfschmuck. Das Symbol dieses Klans ist die graue Flöte. Der Kokopeli-Klan der blauen Flöte ist kahlköpfig, während Darstellungen des Haares mit zwei Kreisen darüber den Geist der Kachina symbolisieren (solche Piktogramme hat man in Hopi-Siedlungen entdeckt). Überdies ist der hiesige Kokopeli liegend dargestellt, was bedeutet, dass er offenbar beschlossen hatte, hier zu bleiben. Stehende Kokopelis symbolisieren ständige Bewegung.

Hinter jedem Symbol in jedem Canyon verbirgt sich eine Geschichte.

Foto 71: Darstellung des Kokopeli am Eingang zum Canyon de Chelly, Arizona. Seine Bauchlage zeigt an, dass er an diesem Ort erschien, und die Handabdrücke weisen auf die Heiligkeit des Ortes hin.

18
Das Weiße Haus

Canyon de Chelly, Arizona

Der Sandboden des Canyon de Chelly ist flächenmäßig der größte von allen amerikanischen Canyons. Er ist etwa 100 Meter breit, besteht teilweise aus Treibsand und ist während der Regenzeit völlig unpassierbar. Der Canyon ist geformt wie der Buchstabe »V« und hat einen südlichen und einen nördlichen Arm.

Die 25 Kilometer des nördlichen Arms beherbergen vier Anasazi-Pueblos, die Besuchern offen stehen.

Die Ruinen des »Antelope House« (Antilopen-Haus) liegen tief in einer Höhle. Hier gab es einst 91 Räume auf vier Stockwerken, dazu drei große und mehrere kleinere Kivas. Die Anasazi hatten die Wände weiß verputzt und bemalt. Dies ist eins der wenigen Pueblos, in denen Farbreste zurückgeblieben sind. Im Jahr 1270 hat man die Bauarbeiten hier eingestellt, und bald darauf wurde der Ort verlassen. Im offiziellen Touristenführer steht: »Einige Historiker behaupten, dass ein schlimmes Hochwasser die Bewohner zum Auszug zwang. Andere meinen, Krieg oder Krankheiten seien der Grund dafür gewesen. Aber niemand weiß es genau.« Die Siedlung erhielt ihren Namen aufgrund einer Antilope, die auf eine der Wände gemalt ist und von der man annimmt, sie sei das Werk eines Navaho-Künstlers und in den 1830er Jahren entstanden.

»Ledge Ruin« (Felsplattenruine) ist eine kleine Siedlung, die in eine sehr unzugängliche Höhle hineingebaut wurde. Aus der Entfernung sieht es so aus, als seien die Wände der Anasazi vollkommen mit den steinernen Klippen verschmolzen. In dieser Höhe wäre es logisch, Vogelnester statt menschlicher Ansiedlungen vorzufinden.

Zwei Höhlen in den Klippen enthalten etwa 78 Räume und drei Kivas und sind durch die Zimmer miteinander verbunden. Zusammen tragen sie den Namen »Mummy Cave« (Mumienhöhle). Zwischen den beiden Höhlen steht ein dreistöckiger Turm, dessen Funktion noch unklar ist. Die Siedlung erhielt ihren Namen von zwei mumifizierten Leichen, die in die Pflanzenfasern der Yucca-Palme eingewickelt waren und 1882 von Archäologen entdeckt wurden. Die Architektur ist eindeutig dieselbe wie die der Anasazi von Mesa Verde. Diese Siedlung war jedoch schon Jahrhunderte vorher verlassen worden.

Bei »Massacre Cave« (Massaker-Höhle) fand 1805 ein Kampf zwischen den Navaho und den Spaniern unter der Führung von Antonio de Narbon statt. Er dauerte einen ganzen Tag, und laut Narbon wurden dabei 115 Indianer getötet, von denen 90 Navaho-Krieger waren. Es wurden 33 Gefangene gemacht. Laut der Indianer ist die Anzahl der Gefallenen zwar korrekt, aber sie sagen, dass darunter auch viele Frauen, Kinder und ältere Menschen waren, denn alle jüngeren Männer waren gerade auf die Jagd gegangen. Der Navaho-Name dieses Ortes lautet »zwei stürzten hinab«, denn angeblich warf eine Indianerfrau, die die Siedlung verteidigte, einen Spanier die Klippen hinunter und stürzte dabei selbst in den Tod.

Die Probleme der Navaho setzten sich fort, als die amerikanische Armee eintraf. Im Winter 1863 blockierten die Truppen unter ihrem Anführer Kit Carson den Eingang zum Canyon, vernichteten die Nahrungsvorräte und das gesamte Vieh, verbrannten die Obstpflanzungen und töteten jeden Navaho, den sie erwischen konnten. Die restlichen Bewohner wurden ausgehungert und ergaben sich schließlich. Daraufhin trieb Carson sie auf einem »langen Marsch« zu einem Reservat im östlichen Neumexiko. Nach vier erbärmlichen Jahren erlaubte man es den überlebenden Indianern 1868, in den Canyon zurückzukehren. Um den Erhalt der Ruinen zu sichern, übernahm die Regierung 1920 die Verwaltung des gesamten Canyons. Heute ist er ein Nationalpark, der von den Navaho und den Regierungsbehörden gemeinsam verwaltet wird.

Dave und ich fahren durch den südlichen Teil des Canyons. Ich frage ihn, wie lange die Navaho schon in diesem Gebiet leben. Er sagt, dass sie aus dem Norden, aus Kanada, gekommen seien und davor über die Beringstraße aus Asien.

»Als die Navaho in den Canyon kamen, waren die Anasazi schon lange fort. Aber wir wohnten nicht in ihren Siedlungen. Für uns waren sie heilig.«

»Warum waren sie heilig?«, frage ich.

»Unsere Vorfahren glaubten, dass die Geister der Anasazi noch immer dort lebten.«

Er bittet mich, das Auto anzuhalten, und deutet auf die steilen Klippen.

»Dort liegt eine der Anasazi-Siedlungen«, sagt er.

Foto 72: Die Anasazi-Siedlung namens »First Ruins« (Erste Ruinen) mit zwei Kivas und etwa zehn Zimmern. Sie wurde Ende des 13. Jahrhunderts verlassen, zeitgleich mit allen anderen Pueblos der Anasazi-Welt.

Ich steige aus. Hier sind die Klippen 150 Meter hoch. Ungefähr auf halber Höhe befindet sich in einer Spalte zwischen den Felswänden »First Ruins«. Dies waren die ersten Ruinen, die der Archäologe Cosmos Mindeleff 1882 entdeckte. Steinwände bilden zehn Räume und zwei Kivas. Auch dieses Pueblo wurde am Ende des 13. Jahrhunderts verlassen.

Man darf nicht näher heran. Wir fahren weiter. Nach einigen Kilometern halten wir wieder an. Im Schatten der hohen Klippen liegt das Pueblo, das als »Junction Ruin« (Kreuzungsruine) bekannt ist. Fünfzehn Räume und eine Kiva. Die Siedlung blickt nach Süden, offensichtlich, um in den Wintermonaten die Sonnenstrahlen einzufangen. Die Ruinen liegen am Kreuzungspunkt der beiden Arme des Canyons – dem Canyon del Muerto (der Toten) und dem Canyon de Chelly.

Dave erzählt mir von den Anasazi-Pueblos, die 20 bis 25 Kilometer weiter liegen. »Sliding House« (Rutschendes Haus) und »Face Rock« (Gesichtsfelsen) sind kleinere Siedlungen hoch oben in einem unzugänglichen Teil des Canyons. Vom Fuß der Klippen sind sie fast nicht zu sehen. Es scheint unmöglich, zu ihnen zu gelangen, aber wenn man genauer hinsieht, entdeckt man Einbuchtungen oder Kanäle in der Felswand, die es den Anasazi ermöglichten, hinaufzuklettern.

»Spider Rock« (Spinnenfelsen) liegt in den höchsten Klippen des ganzen Canyons, 330 Meter über dem Erdboden. Navaho-Legenden berichten von neu angekommenen Navaho, die in diesem Canyon einer alten Frau begegneten. Sie lehrte sie zu weben. Später wurde sie zu einer ihrer Gottheiten – die »Spinnenfrau«, die ganz oben auf dem »Spinnenfelsen« lebt.

Bis zum nächsten Ziel muss ich weitere fünfzehn Kilometer zurücklegen. Ich konzentriere mich aufs Fahren und folge den tiefsten Reifenspuren durch den Sand. Unterdessen erzählt mir Dave vor allem von den Sitten der Navaho und ihrer Beziehung zu den Regierungsbehörden. Als ich ihn frage, warum sie nicht zumindest einen Teil der Straße asphaltieren, antwortet er, dass sie sich auf diese Weise davor schützen, von Touristen überrannt zu werden.

Vor uns macht die Straße eine Linkskurve. Kurz davor ist eine abschüssige Stelle mit einem Höhenunterschied von sechzig Zentimetern. Nach diesem Gefälle kann ich unmöglich in die Kurve gehen, ohne zu bremsen. Ich bremse etwas, fahre das Gefälle hinunter, drehe das Steuerrad – und das Auto gräbt sich in den Sand. Ich gebe Gas, und das Rad sinkt noch tiefer. Wir sitzen wieder fest. Diesmal ist es ernst. Wir steigen aus. Niemand ist in der Nähe. Wir haben keine andere Wahl, als die Ärmel hochzukrempeln. Ich finde eine Holzplanke und fange an, den Sand unter den Reifen wegzuschieben. Dave hat kein Telefon. Er geht los, um ein paar größere Holzstücke zu finden. Ich schiebe den Sand rund um alle vier Räder weg. Dave kommt mit zwei dicken Ästen zurück. Wir schieben sie unter die Vorderräder. Ich steige ein und lege den Rückwärtsgang ein, denn ich möchte den Wagen ein bisschen vor und zurück schaukeln. Der Wagen macht einen kleinen Ruck nach links und rechts und sitzt wieder fest.

Foto 73: Ärger mit dem feuchten Sand im Canyon de Chelly, Arizona.

Ich bücke mich und sehe unter das Auto. Der ganze Unterboden ist im Sand vergraben. Die vordere Stoßstange hindert das Auto am Vorwärtskommen. Selbst mit einer Schaufel würden wir wahrscheinlich mindestens zwei Stunden brauchen, um uns freizuschaufeln. Und dann müssen wir ja noch ein paar Kilometer weiterfahren, damit ich mein heutiges Ziel erreiche – die Siedlung »White House«, das »Weiße Haus«. Anschließend müssen wir zwanzig Kilometer zurückfahren.

Dave geht fort, um ein Fahrzeug zu suchen, das uns herausziehen kann. Ich grabe weiter. Nach einer Stunde kehrt Dave mit guten Nachrichten zurück. Jemand kommt, um uns abzuschleppen. Und tatsächlich erscheint wenige Minuten später ein 50-jähriger Navaho mit seinen zwei Söhnen in einem fünfzehn Jahre alten Ford mit breiten Reifen, 50,8 Zentimeter Unterbodenhöhe und, selbstverständlich, mit Vierradantrieb. Sie befestigen eine Kette an meinem koreanischen Plastik-Hyundai. Bald haben sie mich aus dem Sand gezogen, und ich halte den Wagen auf einem etwas härteren Abschnitt an. Dave steigt wieder ein, und wir beschließen, hinter dem Ford herzufahren.

Eine Lehmstraße, umgeben von Grün, lässt bereits ahnen, dass wir uns nun dem hübschesten Pueblo des ganzen Canyons nähern. *Kinii-na-igai* oder Casa Blanca, das »Weiße Haus«, wurde 1849 von einer Expedition unter der Leitung von Lieutenant J. H. Simpson entdeckt. Die Navaho hatten die Sieldung aufgrund der weiß verputzten Ruinenwände so getauft.

Das Erste, das mir ins Auge fällt, ist die Furcht erregend steile Felswand über der Siedlung. Fast 200 Meter fällt der Fels senkrecht von der Gipfelebene des Canyons ab. In den Felshöhlen und am Fuß der Klippen gab es insgesamt achtzig Räume und vier Kivas. Dies ist die einzige Siedlung hier, an die man nahe genug heran darf, um ihre Schönheit zu würdigen und sich vorzustellen, wie es an diesem Ort wohl einst ausgesehen haben mag ...

Foto 74: Blick auf die Anasazi-Siedlung »Weißes Haus«, verborgen in den Felsspalten der eindrucksvollen Klippen im Canyon de Chelly, Arizona.

Foto 75: Das schönste Pueblo im Canyon de Chelly, das »Weiße Haus«, hatte zwei Stockwerke, vier Kivas und achtzig Zimmer und bot zehn bis fünfzehn Anasazi-Famlien Platz.

... Zwischen den sauberen, glatten weißen Wänden der Siedlung gab es genug Platz für etwa zehn Anasazi-Familien ... Die Männer arbeiteten auf den Maisfeldern und bauten Bohnen, Kürbisse und Baumwolle an ... Die Frauen stellten Töpferwaren, Stoffe und Kleidung her und auch die zeremoniellen Federgewänder ... Man hörte ihre Rufe und das Bellen ihrer Hunde, die hinter ihren Truthähnen herjagten ... Die Kiva wurde für die abendliche, spirituelle Reise der Seher vorbereitet ...

Nach 1275 wurde auch hier die Bautätigkeit eingestellt.

Foto 76: Das Symbol der Seher – dieser Verteidiger der Siedlung »Weißes Haus« hat die rechte Hand erhoben.

Alle Pueblos dieses Canyons sind seit dem Verschwinden der Anasazi leer und verlassen – genau wie alle anderen Anasazi-Siedlungen im Umkreis von tausend Kilometern. Die gewaltigen Klippen der Canyons reichten zum Schutz des Anasazi-Volkes nicht mehr aus.

Auf einem Schild vor dem Pueblo steht: »Nach 1275 wurden die Anasazi-Siedlungen verlassen. Warum? Plötzliche Klimaveränderungen? Überbevölkerung? Es ist den modernen Archäologen immer noch nicht gelungen, dieses Geheimnis zu lüften.«

Ich bleibe lange vor dem »Weißen Haus« stehen. Der architektonische Stil dieser Ruinen erinnert mich an Pueblo Bonito. Die Wände sind einen Meter dick und bestehen aus vielen sauber zugehauenen Bausteinen. Auf der Felswand der Klippe ist ein Piktogramm – die Figur eines Sehers, der die Siedlung verteidigt.

In jeder Anasazi-Siedlung gibt es die Abbildung eines Sehers, der ihr Oberhaupt war. In Chaco Canyon ist er mit ausgebreiteten Armen und zwei Doppelkreisen dargestellt. Die Hopi erklären, dass dieses Symbol »eine Gemeinschaft bedeutet, die zwei Migrationszyklen hinter sich hat«. Über dem Kopf der Figur in Mesa Verde befindet sich ein Bogen, der wahrscheinlich »die schwere Verantwortungslast eines Anführers« symbolisiert. Das Piktogramm von Springerville zeigt eine Figur, unter deren einem Fuß sich eine Spinne befindet – wahrscheinlich gehörte sie zum Spinnen-Klan. Bei den Hopi in Old Oraibi hat die Figur die rechte Hand erhoben, was laut den Hopi die Verantwortung für die Felder bedeutet, die der Anführer trägt, da er für genügend Regen sorgen muss. Das Symbol hier im »Weißen Haus« ist mit dem in Oraibi identisch.

Solange die Bewohner hier lebten, hatten sie täglich diese in den Stein gemeißelte Figur vor Augen. Wie oft sie sie angesehen haben müssen! Achthundert Jahre später teile ich zumindest diese Erfahrung mit den Anasazi.

Wir fahren zurück. Diesmal fährt der Ford hinter uns her, und nun sitzen auch die Frau und die Kinder meines Führers darin.

Ich fahre mit größerer Zuversicht als vorher und wiederhole den Fehler, zu langsam zu fahren, nicht noch einmal. Alles geht gut, bis wir die breitere Piste am Eingang des Canyons erreichen. Der Sand ist einfach zu feucht, und es ist unvermeidlich, stecken zu bleiben. Wieder müssen wir die Kette benutzen, um den Wagen herauszuziehen.

Damit ist dieses Abenteuer beendet. Ich lasse den Canyon de Chelly hinter mir zurück.

Foto 77: Warum reichten die gigantischen Klippen und die Sonnenenergie nicht aus, um die spirituell und astronomisch so fortgeschrittenen Anasazi zu beschützen, die spurlos in die Tiefen der Geschichte des Universums verschwanden?

19

Der Kreis schließt sich

Arizona / Neumexiko

Es wird allmählich Zeit für mich, Arizona zu verlassen und zurück nach Neumexiko zu fahren. Die Anasazi-Pueblos bleiben unverändert hinter mir zurück – sowohl diejenigen, die ich besichtigt habe, als auch alle anderen.

Weiter im Westen, zwischen Flagstaff und Phoenix im Landesinneren von Arizona, gab es wieder viele Anasazi-Siedlungen. Man hat sie in den Klippen der Canyons, auf Wüstenplateaus oder auf Bergen, die einst Vulkane waren, erbaut.

»Montezuma Castle« (Burg Montezuma) gehört zu den besterhaltenen. Zwanzig Zimmer auf fünf Stockwerken hat man hier an die Krümmungen der Klippen angeschmiegt. Die großartige Bautechnik hat dafür gesorgt, dass dieser Komplex auch nach 700 Jahren noch fast vollständig erhalten ist, obwohl er ständig der harschen Witterung ausgesetzt ist. Natürlich ist der Name, den man ihr gegeben hat, völlig falsch – es handelt sich weder um eine Burg, noch hatte sie etwas mit Montezuma zu tun. Dieser Aztekenfürst kam erst volle 200 Jahre später auf die Welt, als die Anasazi bereits aus dieser Siedlung verschwunden waren.

Foto 78: Das fünfstöckige Anasazi-Pueblo »Montezuma Castle« (Burg Montezuma) schmiegt sich in die Klippen eines Canyons in Zentralarizona.

In der Nähe liegt auch Montezuma's Spring, die sogenannte Montezuma-Quelle, eine Oase mit frischem Wasser, das einer unterirdischen Quelle entspringt. An diesem Ort strömen zuverlässig vier Millionen Liter Wasser täglich ans Licht. Kein Wunder, dass man hier die Ruinen mehrerer anderer, kleinerer Anasazi-Pueblos gefunden hat. Nach ihrem Verschwinden beherrschten die Havapai diese Gegend, die die Spanier bei ihrer Ankunft im 16. Jahrhundert hier vorfanden. Die Havapai erzählten ihnen ihre Legende, nach der diese Quelle ein Tor sei, durch das ihre Vorfahren einst aus der unterirdischen Welt nach oben gekommen waren. Deshalb gelten das Wasser und seine Quelle als heilig.

Genau wie die Navaho die kulturell und spirituell weiter entwickelten Hopi nachahmten, imitierten die Havapai laut ihren Legenden die Anasazi.

Vierzig Kilometer weiter befindet sich das denkmalgeschützte Tuzigoot National Monument. Mitten in einer steinigen Wüste liegen auf einer Erhebung weitere Anasazi-Ruinen – insgesamt 110 Räume auf drei Stockwerken. Viele Meilen weit blickt man von hier aus in alle Richtungen. Die Apachen nannten diese verlassene Siedlung *Tuzigoot* (krummer Fluss), im Gegensatz zu dem nahegelegenen Verde River (grüner Fluss).

Im Norden umfasst der denkmalgeschützte Wupatki-Nationalpark ein Gebiet mit vier weiteren Anasazi-Siedlungsruinen: Wupatki, Citadel, Lomaki und Wukoki. Das größte Pueblo ist mit Sicherheit Wupatki, wo man bisher 85 Zimmer gefunden hat, die einen Kreis um ein großes Amphitheater bilden. Und 1965 entdeckte man hier sogar etwas Neues in der Welt der Anasazi: Fünf Meter unterhalb des Erdbodens befand sich ein großes Spielfeld. Ein weiterer Beweis für die Anwesenheit der Maya und der mittelamerikanischen Zivilisationen im Leben der Anasazi.

Im Süden von Colorado erreicht der Gipfel des Berges Chimney Rock (Kaminfelsen) eine Höhe von 2.800 Metern. Zu dieser Felsenspitze in Form eines Kamins gesellt sich ein weiterer natürlicher Monolith: Companion Rock (Begleitfelsen). Es ist das Gebiet, in dem die Ruinen der Anasazi-Siedlung »Chimney Rock Ruins« liegen. Dieses zweistöckige Pueblo hatte insgesamt 55 Zimmer und zwei Kivas. Es gilt als das einsamste aller Anasazi-Siedlungen. Erbaut wurde es auf einem unzugänglichen Berggipfel. Die nächste Wasserquelle und das landwirtschaftlich nutzbare Land liegen etwa eine halbe Meile entfernt.

Untersuchungen haben ergeben, dass sich jenseits der Wände ein unbearbeitetes Steinplateau befindet. Das bedeutet, dass zum Bau dieses großen Gebäudes tonnenweise Material, sowohl zugehauene Bausteine als auch ungebrannte Backsteine, auf den Berggipfel transportiert werden mussten. Um die Backsteine herzustellen, war außerdem Wasser nötig – oder vielleicht warteten die Anasazi ja auch den Winter ab, um Schnee zur Backsteinherstellung zu verwenden, was jedoch ziemlich unwahrscheinlich ist. Andernfalls müssten sie das Wasser aus dem Tal heraufgeschleppt haben, wofür viel mehr Arbeitskräfte nötig gewesen wären, als sie besaßen.

Die offizielle Behauptung der Archäologen und Historiker lautet, dass die Anasazi eine Agrargesellschaft waren und die Positionen der Sonne studierten, um den richtigen Zeitpunkt zum Pflanzen herauszufinden. Wenn das wahr wäre, warum sollten sie dann ein Pueblo auf einem Berggipfel bauen, der so weit von fruchtbarem Boden entfernt ist?

Wir wollen versuchen, die Antwort auf diese Frage mit Hilfe der Dendrochronologie und der Archäoastronomie zu finden.

Durch die Analyse der Jahresringe des hier verwendeten Holzes wissen wir, dass die erste Bauphase dieser Siedlung 1076 begann. Doch das Nadelbaumholz, das für den Lüftungsschacht der östlichen Kiva verwendet wurde, weist darauf hin, dass diese Kiva bereits in einer früheren Bauphase entstand.

Außerdem wurde ein Holzrest analysiert, der als Deckenbalken eines Zimmers im zweiten Stock diente. Das Ergebnis zeigt, dass der Baum, von dem dieses Holz stammt, im Sommer 1093 gefällt wurde.

Nun wollen wir uns den Ergebnissen der Archäoastronomie zuwenden. Zwischen dem Herbst 1073 und dem Herbst 1077 befand sich der Mond in einer sogenannten »Ruhephase«. Dasselbe Phänomen wiederholte sich neunzehn Jahre später, zwischen 1092 und 1095.

Das nächste Puzzlestückchen erhalten wir durch die Aussicht, denn von dieser Siedlung aus fällt der Blick direkt auf zwei natürliche Obelisken: Chimney Rock und Companion Rock. In den Ruhephasen erschien der Vollmond genau zwischen diesen beiden Felsnadeln. Das geschah zwischen 1073 und 1077 und zwischen 1092 und 1095 insgesamt vierzig Mal.

Und damit haben wir das Rätsel gelöst, warum die Anasazi diese Siedlung überhaupt bauten: Sie diente ausschließlich astronomischen Zwecken!

Die wichtigsten Städte im antiken Mittelamerika waren als »kosmisch-magische Zentren« konzipiert. Teotihuacan, Monte Alban, Tikal, Copan, Palenque ... Sie alle waren eindeutig kosmische Zentren, in denen eine Lebensweise und eine Zivilisation geboren wurde.

Die Architekten und Baumeister traten durch die Gestalt ihrer Gebäude in Beziehung zur kosmischen Harmonie und zu den Biorhythmen des Lebens auf der Erde. Die kosmischen Städte harmonierten mit dem Kosmos. Pyramiden, Tempel und Straßen waren nach den Haupthimmelsrichtungen der Erde ausgerichtet. Der Lebensrhythmus schwang im Einklang mit dem Lauf der Sonne, des Mondes, der Planeten und der Sterne.

Die Bevölkerung der verschiedenen Anasazi-Pueblos war der der Maya- und Toltekenstädte mit ihren atemberaubenden, eindrucksvollen Gebäuden und ihrer komplexen sozialen Struktur zahlenmäßig unterlegen, und deshalb lassen sich ihre Städte nicht direkt miteinander vergleichen. Aber die Pueblos in Chaco Canyon, Mesa Verde und Canyon de Chelly waren mit Sicherheit im Mikrokosmos der Anasazi ebenfalls mythische Zentren der Zivilisation.

Auch im Montezuma-Becken in Neumexiko befindet sich ein solches Zentrum. Mehrere tausend Bewohner ballten sich hier in acht Anasazi-Siedlungen: Yellow Jacket, Lowry, Sand Canyon, Goodman Point, Mud Springs, Yucca House, Lancaster Ruin und Wilson Ruin.

Yellow Jack umfasst die eindrucksvolle Anzahl von 120 Kivas – die größte Anzahl innerhalb der Anasazi-Welt. Darauf folgen Lowry mit 110, Sand Canyon mit 90 und Goodman Point mit 85 Kivas. Aufgrund ihrer intensiven Spiritualität repräsentierten diese Städte für ihre Bewohner bestimmt den Mittelpunkt des Universums.

In Yellow Jack korrespondiert die Ausrichtung einer Reihe umgefallener, monolithischer Felsbrocken mit dem Pfad der Sonne zur Zeit der Sonnwenden. Die Anasazi haben keinerlei schriftliche Aufzeichnungen oder Botschaften hinterlassen, aber diese umgestürzten Monolithe scheinen mit tiefen Stimmen aus weiter Ferne davon zu berichten, wie mächtig die Astronomie unter ihnen war.

Die große Kiva in Yellow Jack hat einen Radius von über zwanzig Metern und ist exakt in nordsüdlicher Ausrichtung gebaut, so akkurat, dass die Abweichung vom geografischen Norden weniger als einen halben Grad beträgt. Viele Paare kleinerer Kivas mit einem Radius zwischen zehn und fünfzehn Metern sind ebenfalls perfekt nach Norden ausgerichtet.

Was bedeuteten die astronomischen Phänomene für die Anasazi, worin bestand ihre Faszination für sie? Es macht natürlich Sinn, die Sonne zu beobachten, um einen Landwirtschaftkalender zu etablieren. Aber das intensive Interesse der Anasazi für den Sonnenlauf und andere kosmische

Phänomene übersteigt die Wissbegierde eines Bauernvolkes bei Weitem.

Die Anasazi schufen im gesamten amerikanischen Südwesten eine reiche astronomische Infrastruktur. Sorgfältig verfolgten sie die relativen Positionen der Erde und den Einfluss der Himmelskörper. Darauf gründeten sich ihre Fähigkeiten, ihr Wissen und ihre Macht.

Kombiniert mit den Informationen, die sie mit Hilfe ihrer spirituellen Sinne sammelten, machte dies die Anasazi zu einer einzigartigen, spirituell hoch entwickelten Zivilisation.

Bis zu dem Augenblick, an dem ihre Seher der gesamten Bevölkerung verkündeten: »Wir müssen aufbrechen!«

Es gibt weder kleine Völker noch unbedeutende Zivilisationen. Die Größe und Bedeutung einer Gruppe lässt sich nicht an ihrer Kopfzahl messen.

Zehntausend Hopi-Seelen mögen den vielen Milliarden Mitgliedern der »Marktökonomie« zahlenmäßig unterlegen sein. Aber ihre tausendjährige Geschichte, ihre Spiritualität, ihre Prophezeiungen und ihre Fürsorge für die Menschheit machen sie zum Gewissen unserer Zivilisation, und ihre ernste, fundierte Warnung geht uns alle an und sollte von uns allen gehört werden.

Auch ihre Ahnen, die Anasazi, waren ein leuchtendes Vorbild. Nur ein paar zehntausend Menschen, ausgebreitet über Hunderte von Siedlungen in einem Gebiet von tausend Kilometern, muss man sie dennoch aufgrund ihrer Hinterlassenschaft als hoch entwickelte, friedliebende Zivilisation bezeichnen. In der Zeit, die sie auf diesem Planeten verbrachten, lebten sie im Einklang mit der Natur.

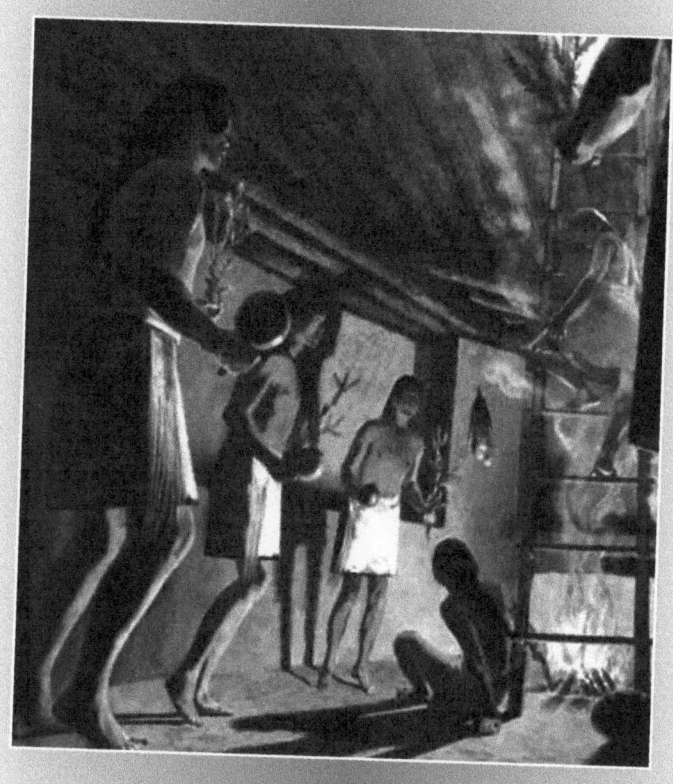

Foto 79: **Anasazi-Seher während eines Rituals in der Kiva. Hier wurden das spirituelle und das astronomische Wissen einer ganzen Zivilisation generiert.**

Sie hinterließen uns eine ganze Reihe von Geheimnissen – ihr plötzliches und gleichzeitiges Erscheinen in einem riesigen und unzugänglichen Gebiet, ihre Bautechniken, die wir von unserem heutigen Standpunkt aus nicht begreifen können, ihr hoch entwickeltes astronomisches Bewusstsein, trotzdem sie keinerlei astronomische Instrumente besaßen, ihre Kommunikation untereinander, die aus ihrem Baustil, ihrem Lebensstil und ihrem zeitlich koordinierten Aufbruch eindeutig hervorgeht, und schließlich das gleichzeitige Verschwinden der Anasazi aus allen ihren Siedlungen – vielleicht das größte Rätsel von allen.

Wir sollten das Wissen der Anasazi der Vergessenheit entreißen ... Und wir sollten ihre Botschaft ernst nehmen.

20
Wiedersehen mit Melvin

Nord-Neumexiko

Fünfundzwanzig Tage sind seit meiner Reise durch die vier Bundesstaaten im Südwesten der Vereinigten Staaten (Neumexiko, Colorado, Utah, Arizona) vergangen. Ich bin gerade dabei, meine Notizen über die Zivilisation der Anasazi zu sortieren, als am Donnerstagabend mein Handy klingelt.

Obwohl ich auf dem Display nicht sehe, wer der Anrufer ist, nehme ich ab. Ich erkenne Melvins Stimme.

»Sam, ich habe ein Treffen mit einem Bekannten arrangiert, der im Apachen-Reservat Jicarilla lebt. Er besitzt ein paar sehr wichtige Informationen über die Anasazi, die Sie gerade erforschen.«

Wir vereinbaren, uns in zwei Tagen zu treffen. Am selben Ort, an dem wir uns im Juli das erste Mal begegnet sind. In Bernalillo.

Ich fliege nach Albuquerque, miete ein Auto und fahre auf der Autobahn I-25 Richtung Norden. Nach einer halben Stunde erreiche ich die Ausfahrt Bernalillo. Auf dem Parkplatz eines Taco Bell entdecke ich meinen dunkelhäutigen Freund. Wir freuen uns, einander wiederzusehen.

»Wie läuft's mit dem Schreiben?«, fragt er.

»Ganz gut, aber ich werde noch ungefähr zwei Monate brauchen, bis das Buch fertig ist«, antworte ich.

»Hören Sie, ich habe mit Ken vereinbart, dass wir uns gegen drei Uhr in Dulce treffen. Von dort aus führt er uns dann zu einer Anasazi-Höhle, von der ich sicher bin, dass sie Sie interessieren wird. Wir fahren weiter auf der Bundesstraße 550, und dann biegen wir in die 537 nach Dulce ab.«

Es ist eine angenehme Fahrt. Die Septembersonne lässt noch nicht ahnen, dass der Sommer zu Ende geht. Melvin zeigt mir die Grenzen des Gebiets, auf dem sein Stamm lebt, die Santa-Ana-Pueblo-Indianer. Dann geht es weiter durch das Reservat der Zia-Pueblo-Indianer, anschließend durch das der Jemez. Er erzählt mir von seiner Familie und seinen Enkeln und klagt, dass die jungen Leute kein Interesse mehr an den alten Sitten haben.

Wir fahren in den Norden von Neumexiko.

Diese Gegend ist abgelegen und unruhig. Das Land ist dürr und steinig. Nach anderthalb Stunden biegen wir von der 550 auf die 537 ab und erreichen das Apachen-Reservat Jicarilla. Melvin erklärt mir, dass das Reservat aus zwei Teilen besteht – einer südlichen, steinigen Wüstenregion und einem bergigen Waldgebiet im Norden.

Die Themen, über die er spricht, verändern sich zeitgleich mit dem Wechsel der Landschaft. Nun erzählt er mir von den Apachen. Sie haben einen Stammesrat, dessen Präsident Ende der 1990er Jahre sein Freund Arnold Cassador war. Bald beriefen die Ratsmitglieder eine Sondersitzung ein, um gegen ihn ein Misstrauensvotum durchzuführen. Zwei Tage davor trat Cassador zurück und wurde durch den Vizepräsidenten Roger Vicente ersetzt.

Einige Tage später widerrief Cassador seinen Rücktritt mit der Begründung, für sein Misstrauensvotum habe keine beschlussfähige Mehrheit existiert. (Nun war ich wirklich neugierig, wie die Geschichte weiterging.) Cassador reichte eine Petition ein, die 30 % der Jicarilla-Stammesmitglieder unterschrieben hatten und die eine erneute Einberufung des Rates verlangte. Vizepräsident Roger Vicente trat zurück, und Ron Julian, ein anderes Ratsmitglied, übernahm die kommissarische Führung.

Aber die Geschichte geht noch weiter. Ron Julian und seine Anhänger stimmten dafür, Cassador zu ersetzen. Am selben Tag, an dem er das Dokument mit seiner Abwahl erhalten sollte, starb seine Schwester. Er trat zurück, um sich dem achttägigen Reinigungsritual unterziehen zu können. Am Ende dieser acht Tage widerrief er seinen Rücktritt abermals.

Man plante neue Zwischenwahlen, in denen Cassador der wichtigste Kandidat war ...

Was ist nur mit den Apachen los?, frage ich mich. Offenbar sind sie den widerstreitenden Einflüssen einer »demokratischen Gesellschaftsordnung« und deren politischen Machtspielen hilflos ausgeliefert.

Jicarilla bedeutet »Körbchen« auf Spanisch. Eigentlich sind die Apachen als Jäger bekannt, aber als die Spanier vor etwa 500 Jahren hier eintrafen, zeichnete sich diese südöstliche Gruppe besonders durch ihre Webkunst aus. Laut Historiographie kamen die Apachen, einschließlich der Jicarilla, ursprünglich aus dem Norden, aus Kanada, und noch früher über die Beringstraße aus Asien. Die Jicarilla (die sich selbst »Tinde« nennen) behaupten jedoch, sie hätten schon seit ewigen Zeiten in diesem Gebiet gelebt.

Schließlich kommen wir in Dulce an. Es ist die einzige Stadt des Reservats und hat 3.000 Einwohner. Fast alle 1.800 Mitglieder des Jicarilla-Stammes leben hier, es ist ihre Hauptstadt.

Mich erinnert der Ort an das viele hundert Kilometer weiter südlich gelegene Roswell. Er hat eine lange Hauptstraße, gesäumt von hübsch dekorierten, einstöckigen Häusern und Läden. Gleich hinter diesen Häuserzeilen liegt offenes Gelände, und die Wildnis beginnt.

Natürlich ist die Ähnlichkeit mit Roswell nicht ganz zufällig.

Laut meinen Informationen gibt es in Dulce, genau wie in Roswell, einen äußerst geheimen Militärstützpunkt (tatsächlich entdecke ich auf der Hauptstraße mehrere Menschen in Uniform), und auch hier haben zahlreiche Stadtbewohner berichtet, UFOs gesichtet zu haben. Überdies existieren laut den Aussagen von Versicherungsangestellten 15 Kilometer von Dulce entfernt unterirdische Labors, in denen sowohl an Menschen als auch an einem Außerirdischen namens Grey gentechnische Experimente durchgeführt werden ...

Ich frage Melvin, ob er irgendwelche Informationen über die Existenz außerirdischer Zivilisationen und deren möglichem Kontakt zur örtlichen Bevölkerung besitzt. Er antwortet leichthin, dass dies für die Apachen alltägliche Tatsachen seien. Er bittet mich, langsamer zu fahren. Wir befinden uns im Zentrum des Städtchens. Ich parke unseren gemieteten Ford Explorer (diesmal mit Vierradantrieb) vor einem Gebäude mit zwei hohen Säulen. Wie üblich steigt Melvin nicht aus, sondern deutet auf einen Mann, der mit zuversichtlichem Schritt auf uns zukommt. Er ist etwa Mitte fünfzig, hat lange, schwarze Haare und ein rosiges Gesicht. Er klettert auf den Rücksitz.

»Ken Tsosie«, stellt er sich vor.

Wir geben einander die Hand, und ich nenne ebenfalls meinen Namen.

(Mein erster Gedanke ist die Frage, warum die nordamerikanischen Indianer einander angloamerikanische Vornamen geben.)

»Melvin«, sagt Ken zu meinem Freund, »ich habe mir deinen Schriftstellerfreund älter vorgestellt.«

»Der äußere Schein trügt manchmal«, lächle ich. »Zischen uns besteht kein großer Alterunterschied. Ich bin vierundvierzig.«

»Warum interessieren Sie sich für die Anasazi?« Ken kommt gleich zur Sache.

»Weil ich glaube, dass die Wissenschaft die wichtigsten Fragen über die Anasazi nicht beantwortet hat: Erstens, wieso sind sie so plötzlich aufgetaucht, zweitens, woher hatten sie ein so hoch entwickeltes astronomisches und spirituelles Wissen, und drittens, was geschah am Ende des 13. Jahrhunderts mit ihnen?«, entgegne ich ebenso direkt.

Er nickt. »Wenn das so ist, bekommen Sie vielleicht nach ihrem Besuch in der Anasazi-Höhle gewisse Antworten auf ihre Fragen.«

Nach etwa zehn Kilometern auf dem Highway 64 verschwindet der Asphalt, und wir fahren nun auf einer ungepflasterten Piste. In dem Ford fühle ich mich gut aufgehoben. Ken erklärt Melvin, dass die Apachen ihre Einkünfte aus dem Verkauf von Öl- und Gasbohrungsrechten dazu benutzen, das Land aufzukaufen, das an ihr Reservat angrenzt. In den letzten fünfzehn Jahren haben sie bereits Millionen von Dollar dafür ausgegeben und ihren Einflussbereich so über ihre Reservatsgrenzen hinaus ausgedehnt.

Wir kommen auf eine andere, etwas schmalere Piste. Hinter uns wirbelt eine dicke Staubwolke auf. In der Ferne wird das Grau des Canyons allmählich durch das Grün der Wälder ersetzt. Ich halte an, um ein Foto zu machen. Meine beiden Begleiter akzeptieren die Kamera nur ungern. Wir fahren weiter.

»Ken, erzählen Sie mir mehr über die Höhle, zu der wir unterwegs sind«, schlage ich vor.

»Nun ja, vor dreißig Jahren führte ich eine Gruppe von vier Wanderern durch diese Canyons. Ich zeigte ihnen auch die Ruinen eines kleinen Anasazi-Pueblos hoch oben auf den Klippen. Der Weg dorthin war ziemlich schwierig, wir mussten durch mehrere enge Felsdurchgänge und eine Steilwand hochklettern. Ich wusste natürlich von den Siedlungen, doch ich war auch noch nie näher dran gewesen. Diesmal baten mich meine Kunden aber dringend darum, sie gemeinsam zu erforschen, und wir beschlossen, uns ein paar Stunden Zeit dafür zu nehmen. Als wir dort ankamen, sahen wir nur ein paar niedrige Mauern, die Überreste von etwa fünf Zimmern. Von der Siedlung führte ein schmaler Pfad am Rand des Canyons entlang. Nach hundert Metern kamen wir zu einer tiefen Höhle, die sehr interessant war. An den Wänden entdeckten wir mehrere Piktoglyphen, was ziemlich ungewöhnlich ist. Drinnen fanden wir einige Tonscherben. Sie waren mit denselben Symbolen bemalt wie die Höhlenwände. Dann stießen wir auf ein paar einfache Steinwerkzeuge, mehrere Knochen und ... ein ziemlich langes Objekt. Wir umringten es und versuchten zu erraten, wozu es wohl gedient hatte. Offenbar bestand es aus irgendeinem Metall, und es hatte einen verzierten Griff und trug eine Menge ungewöhnlicher Symbole, so etwas wie Hieroglyphen. Wir wussten, dass die Anasazi kein Metall verwendet haben, also musste es von den Weißen stammen. Aber wegen der Hieroglyphen wussten wir auch, dass es sich um etwas sehr Seltsames handeln musste. Denn abgesehen von Spiralen und ähnlichen Piktoglyphen haben die alten Anasazi keine Hieroglyphen verwendet. Es war alles sehr rätselhaft und ergab keinen Sinn.«

Plötzlich unterbricht Ken seine Erzählung. Er bittet mich, langsamer zu fahren und dann in einer Einbuchtung am Straßenrand zu parken.

»Hier steigen wir aus. Den Rest des Weges gehen wir zu Fuß.«

Ken schnallt sich seinen Rucksack auf den Rücken. Ich trage eine Taschenlampe im Gürtel, meine digitale Kamera in der Tasche und meinen Hut auf dem Kopf. Die Sonne strahlt immer noch grell.

Wir gehen eine halbe Stunde lang. Ken erzählt weiter. »Als wir unsere Tour beendet hatten, ging ich zur nächsten Rangerstation. Ich zeigte ihnen das Metallobjekt und erzählte ihnen, wo ich es gefunden hatte. Sie sagten, sie würden es wahrscheinlich nach Santa Fè schicken, um es dort im Labor der Universität von Neumexiko analysieren zu lassen.«

Wir befinden uns nun in einem 100 Meter breiten Canyon. Die Klippen sind etwa 100 Meter hoch. Es sieht aus wie ein verkleinerter Chaco Canyon, nur dass es hier keinerlei Anzeichen für eine Besiedlung gibt.

Wir kommen zu einem Schild mit der Aufschrift: »Ab hier Zutritt verboten«, und gehen daran vorbei.

Ken nimmt den Faden seiner Geschichte wieder auf.

»Fünfundzwanzig Jahre lang hörte ich nichts mehr von dem Artefakt. Ich hatte es schon fast vergessen. Aber dann, vor sieben Jahren, also 1997, wurde ich gebeten, mich hier in Dulce mit ein paar Leuten aus Washington zu treffen ... mit Regierungsleuten.«

Wir klettern über einen schmalen Felspfad, quetschen uns zwischen Felsen hindurch und halten auf die mittlere Höhe des Klippenabhanges zu. Ken bleibt stehen. Er deutet in die Richtung, in die wir unterwegs sind.

»Fünfzig Meter weiter unten ist die Höhle. Und dies ist der alte Pfad, der von der Anasazi-Siedlung zur Höhle führt.«

Meine freudige Erregung wächst. Ich bin sehr gespannt, warum diese Höhle bei der Lösung des Geheimnisses der Anasazi so wichtig sein soll. Und ich habe außerdem das Gefühl, dass es sich dabei nur um die Einleitung zu etwas viel Wichtigerem handelt.

21
ACIO

Nord-Neumexiko

Ken, Melvin uns ich nähern uns einem großen, hervorstehenden Felsbrocken. Ein weiteres Schild steckt im Boden und verkündet, dass es verboten ist, hier weiterzugehen. Wir gehen um Schild und Felsen herum, und vor uns liegt ein leicht abschüssiger Hang. Der Pfad verbreitert sich auf einen ganzen Meter. Etwas mehr als zwanzig Meter weiter taucht eine kleine Höhle auf. Die Sonne scheint von Westen her in den Eingang.

Ken kommentiert ruhig: »Macht euch bloß keine Sorgen wegen der Verbotsschilder. Die Ranger kommen fast nie in diesen Canyon. Vor sechs oder sieben Jahren war das noch anders. Damals war es unmöglich, auch nur in die Nähe der Höhle zu gelangen.«

Wir kommen vor dem Höhleneingang an. Auf den ersten Blick scheint sie nur eine der vielen Felsspalten zu sein, denen ich in der Anasazi-Welt so oft begegnet bin. Noch dazu eine relativ kleine. Der Eingang ist höchstens drei Meter hoch und fünf bis sechs Meter breit.

Ich hole meine Digitalkamera hervor, um die halbdunkle Höhle zu fotografieren. Aber die Batterie ist leer. Die Ersatzbatterie ist im Auto, genau wie meine Ersatzkamera – eine halbe Stunde Fußweg entfernt. Digitalkameras verbrauchen ihre Batterien so schnell. Ich kann nur hoffen, dass wir noch einmal hierher kommen werden, damit ich alles fotografieren kann, was noch kommen wird. Ken holt eine Gaslaterne aus seinem Rucksack und zündet sie an. Das künstliche Licht mischt sich mit dem Tageslicht. Jetzt kann ich allmählich das Innere der Höhle erkennen. Dort sind die Durchgänge viel höher als am Eingang – vielleicht acht Meter hoch. Der Boden ist eben, die Wände geschwungen.

Ken geht zu einer der Wände und zeigt uns eine Petroglyphe. Eine Spirale, aber komplexer als die anderen, die ich bisher in Anasazi-Siedlungen gesehen habe. Um die Hauptlinie der Spirale herum ist eine Gruppe Markierungen. Neben der Spirale, die ein Symbol des kosmischen Lebens ist, befinden sich stilisierte Figuren, die wie Weihnachtsplätzchen aussehen: zwei Arme, zwei Beine, ein Kopf. Sie sind durch eine Linie verbunden, die mich an ein kurviges Graphicon erinnert.

Ken dringt tiefer in die Höhle vor und hält die Laterne erneut dicht an eine Wand. Noch mehr Petroglyphen. Und wieder die Strichmännchen, aber diesmal in verschiedenen Positionen. Mit ausgestreckten oder angezogenen Armen und Beinen. Und dazwischen die Kombinationen weiterer Spiralen mit Kreisen und Linien, die um sie herum zu schweben scheinen.

Ken kommentiert: »Als ich vor dreißig Jahren zum ersten Mal an diesen Ort kam, gab es hier nur eine Petroglyphe – die am Eingang. Die anderen sind erst später erschienen, als würden sie eine Geschichte weitererzählen.«

Das erscheint mir seltsam. Wir setzen unsere Tour durch die Höhle fort. Jetzt sehe ich, dass es sich um vier natürlich entstandene Kammern handelt. Die Einganskammer ist kleiner, die zweite am größten. Die anderen beiden zweigen von der zweiten Kammer ab. Vor einem der beiden Eingänge hängt ein Plastikvorhang. Ken stellt seinen Rucksack ab und setzt sich auf eine Reihe Steine. Melvin und ich folgen seinem Beispiel. Eine kurze Pause entsteht.

»Um die Geschichte des seltsamen Artefakts und des Besuchs der Leute aus Washington weiterzuerzählen: Ich war sehr überrascht, als sie mich 1997 baten, mich in Dulce mit ihnen zu treffen. Seit meiner Entdeckung der Höhle waren über fünfundzwanzig Jahre vergangen, und ich fand es seltsam, dass sie nach so vielen Jahren plötzlich Interesse zeigten. Jedenfalls traf ich in Dulce Dr. Neruda und seine Assistentin Samantha Folten. Neruda war um die fünfzig und Samantha zwischen fünfunddreißig und vierzig. Sie baten mich, sie in den Canyon zu führen und ihnen den Weg zu zeigen, den ich damals zur Höhle genommen hatte. Später erfuhr ich, dass sie für eine geheime Regierungsbehörde namens ACIO arbeiteten ...«

Innerhalb des Netzwerks der öffentlichen und geheimen Spionageorganisationen der Vereinigten Staaten nimmt die NSA (National Security Agency) einen besonderen Platz ein. Diese Organisation ist hinter einem Schleier von Geheimnissen verborgen und kontrolliert seit ihrer Gründung im Jahr 1952 sämtliche Kommunikationsschienen. Sie ist für hoch gebildete, professionelle Spezialisten der größte Arbeitgeber des Landes. Unter anderem beschäftigt sie mehrere Tausend der begabtesten Mathematiker unserer Zeit. Insgesamt hat sie 40.000 Beschäftigte (auch wenn diese Zahl immer noch als

»geheim« gilt) – mehr als CIA und FBI zusammen. Der Arbeitstag jedes amerikanischen Präsidenten (auch des gegenwärtigen, obwohl er nicht dafür bekannt ist, diesen Sitzungen allzu viel Aufmerksamkeit zu schenken) beginnt mit den Berichten der NSA, die jeden Punkt auf dem Planeten und um ihn herum im Blick hat.

(Dies erinnert mich an eine Anhörung vor dem Kongress, in der General Hayden, der Leiter der Behörde, befragt wurde, warum er eine so große Anzahl amerikanischer Bürger, vom Otto Normalverbraucher bis zu wichtigen Politikern wie Hilary Clinton, bespitzeln ließ.)

Die NSA, die die Spitznamen »No Such Agency« (es gibt keine solche Behörde) und »Never Say Anything« (sag niemals etwas) trägt, kontrolliert die Sicherheitsmaßnahmen und die Computersysteme aller anderen Spionageagenturen der Vereinigten Staaten, seien sie nun zivil oder militärisch.

Und die intelligentesten Mitarbeiter dieser und verwandter Behörden gründeten schließlich eine supergeheime Behörde namens ACIO (Advanced Contact Intelligence Organisation). Die einzige Aufgabe dieses Hirnzentrums unseres Planeten besteht darin, alle Informationen zu sammeln, die mit außerirdischer Technologie zu tun haben, und sie auf irdische Verwendbarkeit umzurüsten – zunächst für militärische Zwecke und später auch für kommerzielle.

Dank ihres Zugangs zu diesen Technologien konnte die ACIO die Militärindustrie mit neuen Technologien versorgen. Dadurch hat die ACIO gewaltige finanzielle Gewinne erzielt, sodass sie nun unabhängig vom Militärhaushalt und dem Budget der Gründungsagentur NSA operieren kann.

1963 gründete die ACIO eine noch geheimere Gruppierung namens Labyrinth Group. Ihr Chef war von Anfang an ein Individuum mit dem Decknamen »Fünfzehn«. (Fünfzehn ist in den Vereinigten Staaten die höchste Sicherheitsstufe.)

»Fünfzehn« war erst zweiundzwanzig Jahre alt, als er der ACIO beitrat. Selbst damals waren das Genie und die überragende Intelligenz dieses jungen Mannes bereits offensichtlich, und sein Ziel war die Erschaffung eines Computersystems, das so komplex war, dass es durch die Zeit reisen konnte. Missverstanden von seinen geistig unterlegenen Professoren, landete »Fünfzehn« schließlich bei den Bell Labs, wo man schon von ihm gehört hatte, und von dort aus war es nur noch ein kleiner Schritt zur ACIO.

Hier fielen seine Gedankenmodelle endlich auf fruchtbaren Boden. Er wurde Leiter der ACIO und gründete sieben Jahre später die Labyrinth Group mit dem erklärten Ziel, eine Technologie des Zeitreisens zu entwickeln, die er BST (Blank State Technology) nannte.

Zeitreisen sind für die Zivilisationen auf diesem Planeten nichts Neues. Viele spirituelle Gruppen und wissenschaftliche Institute haben Zeitreisen der Seele durchgeführt – von den tibetischen Mönchen bis zu den Maya und Anasazi, vom Monroe-Institut bis zum amerikanischen Institut SRV (Scientific Remote Viewing). Doch bei diesen Zeitreisen spielte die Seele nur eine passive Rolle, denn man konnte nicht aktiv an den Ereignissen teilnehmen, die man erlebte, oder sie gar verändern, sondern lediglich beobachten.

»Fünfzehn« plante jedoch, eine Technologie zu entwickeln, die es ihm erlaubte, die Geschichte an von ihm sogenannten »Interventionspunkten« zu verändern. Damit meinte er Zeitpunkte geballter Energie, die einschneidende Ereignisse in der Menschheitsgeschichte erzeugen – zum Beispiel den Beginn eines Krieges oder die Machtergreifung eines Diktators.

Oder den Fall der Sowjetunion. Oder den Beginn der Raumfahrtprogramme in den Vereinigten Staaten, der Sowjetunion und Russland.

Der Grund für »Fünfzehns« Drang, diese Technologie zu entwickeln, war sein Wunsch, die Menschheit vor außerirdischen Aggressoren zu beschützen. Für ihn bedeutete die BST-Technologie den »Schlüssel zur menschlichen Freiheit«. Wieso?

Stellen wir uns vor, dass irgendwann in der Zukunft eine unbekannte Zivilisation aus den Tiefen des Kosmos auftaucht und beschließt, die Bevölkerung unseres Planeten mit Hilfe ihrer überlegenen Technologie zu unterwerfen. Wie sollen wir uns dann gegen einen so viel mächtigeren Feind verteidigen?

Laut »Fünfzehn« bestünde unsere einzige Verteidigung darin, den Lauf der Geschichte zu ändern und die Kundschafterschiffe der überlegenen Zivilisationen umzuleiten, bevor sie unser winziges Sonnensystem am äußeren Rand der Milchstraße erreichen.

Und nun werden Sie gleich sehen, wie die futuristischen Plänen »Fünfzehns« und der Eliteorganisationen des Planeten mit den abgelegenen Canyons von Neumexiko, den alten Anasazi und meinen Indianerfreunden verknüpft sind.

Ken setzt seine Geschichte fort: »Auf dem Parkplatz standen zwei schwarze Chevy-SUV-Kleinbusse. Nach Dr. Neruda und Samantha stellte man mir noch drei weitere Teammitglieder vor. Ich führte sie zu der Höhle.

Aus der Tasche des Teamleiters hörte ich ein leises Summen. Er blieb stehen und zog etwas heraus, das ich wiedererkannte.

Es war das Artefakt, das ich fünfundzwanzig Jahre zuvor gefunden hatte. Neruda war überrascht. Er sagte, er habe das Artefakt den verschiedensten Testmethoden unterzogen, aber dies sei das erste Mal, dass es reagierte.

Später erfuhr ich, dass das Objekt aus einer Mischung aus Titan und Beryllium bestand. Beide kommen in der Natur nicht vor. Und dazu kamen noch die seltsamen Symbole oder Hieroglyphen. Es schien wirklich völlig außerirdisch zu sein. Später gab Nerdua auch noch zu, dass es ihnen nicht gelungen war, mit Hilfe der Kohlenstoffmethode sein Alter zu bestimmen, und sie kamen auch nicht an den inneren Kontrollmechanismus heran. Sie machten zahlreiche Spektralanalysen, darunter auch mit Röntgenstrahlen, aber sie erzielten keine Ergebnisse. Mit anderen Worten, sie hatten beim Versuch, die Rätsel des Objekts zu lösen, lediglich die Oberfläche angekratzt.

Wir waren dem Inneren der Höhle etwas näher gekommen. Das Artefakt begann, noch intensiver zu surren. Der Anführer der beiden Gruppen ging direkt auf die Wand einer der kleineren Kammern in der Höhle zu. Das Ende der natürlichen Höhle befand sich knapp fünfundzwanzig Meter vom Eingang entfernt.«

Nun deutet Ken auf den Vorhang an der Höhlenwand. »Damals stand ich mit den fünf Wissenschaftlern vor dieser Wand. Statt des Vorhangs gab es hier eine Steinplatte, zweieinhalb Meter lang und zwanzig Zentimeter dick. Auf den ersten Blick sah es so aus, als würde die Höhle hier enden. Aber irgendetwas sagte uns, dass es hinter dieser riesigen Steinplatte noch etwas geben musste. Wir versuchten, sie zu bewegen, aber sie war zu schwer.«

Ich betrachte den Vorhang und stelle mir die Neugier des ACIO-Teams aus Washington vor. Was könnte in dieser Höhle verborgen sein? Eine Passage? Ein Tunnel? Warum sollte jemand so etwas verbergen? Vielleicht wäre das alles ja auch gar nicht so spannend gewesen, wenn da nicht dieses seltsame Objekt gewesen wäre, das die Teammitglieder wie ein Kompass auf die Steinplatte hinwies.

Melvin sagte nicht viel. Anscheinend war auch ihm das alles neu.

»Zwei Teammitglieder kamen mit großen Vorschlaghämmern und anderem Werkzeug zurück. Sie fingen an, die Steinplatte einzureißen. Überall in der Höhle flogen Steinsplitter herum. Alle richteten ihre Taschenlampen auf die zerbrochene Platte. Nach zwei Stunden war es dem Team schließlich gelungen, Boden und Wand von den Fragmenten der Steinplatte zu säubern.

Die Erwartungen erfüllten sich. Vor uns sahen wir einen ein Meter breiten Tunnel. Wir nahmen unsere Sachen und gingen hinein. Ich war der Anführer. Der Tunnel verlief ganz gerade, und am Ende machte er eine Kurve, wie ein ›J‹.

Wir kamen vor eine Wendeltreppe. Der Anführer der Gruppe warnte uns, dass dieser Ort noch immer ›aktiv‹ sein könnte.

Wir stiegen die Treppe hinunter. Wir sahen zwei in den Stein gehauene Köpfe, zwei menschliche Profile, die einander ansahen. Die Symbolik war eindeutig: Nun standen wir vor dem eigentlichen Eingang ...«

22
Die Höhle

Nord-Neumexiko

Ken geht langsam zu dem Vorhang, bückt sich darunter hindurch und hält die Gaslaterne vor sich. Er bedeutet Melvin und mir, ihm zu folgen. Ich knipse meine Taschenlampe an und betrachte die Wände des runden Tunnels. Sie sind glatt. Dieser Felsen wurde eindeutig mit Hilfe irgendeiner fortgeschrittenen Technologie bearbeitet. Ich frage mich, warum man den Tunnel nicht mit einem Radius von etwas mehr als einem Meter gebaut hat, sodass man bequem hindurchgehen könnte, statt kriechen zu müssen.

Es herrscht absolute Stille. Es ist, als würde der Tunnel zu einer völlig unbekannten Welt führen. Die Luft ist angenehm kühl. Meine Augen gewöhnen sich an das Halbdunkel. Ich berühre die Wände. Sie sind so glatt und perfekt, als seien sie poliert. Kein Zweifel: Dies ist kein natürlicher Durchgang, sondern wurde von Menschen gemacht ... oder von sonst jemandem.

Nach etwa zwanzig Minuten macht der Tunnel eine Biegung. Danach kommen wir in einen größeren Raum. Vor uns liegt eine Wendeltreppe. Beim Verlassen des Tunnels fällt mir als Erstes eine Petroglyphe auf. Sie sieht ganz anders aus als alles, was ich bisher gesehen habe. Perfekte Linien, die den Anschein erwecken, als hätte man sie mit einem Laserstrahl in den harten Stein gemeißelt.

Wir steigen die Treppe hinunter. Der Boden der Kammer am Fuß der Treppe ist sauber und glatt, er weist weder Geröll noch Sand oder Erde auf. Er wurde mit einer Art Fettfarbe oder irgendeiner gummierten Masse bestrichen. Kens Laterne gibt genug Licht, und ich kann erkennen, dass diese ölige Farbe auch auf die Wände und sogar auf die Bogendurchgänge der Höhle aufgetragen wurde.

Das heißt, falls man hier überhaupt von einer Höhle sprechen kann. Jemand hat hier viel Arbeit investiert, um diese künstlichen Kammern aus dem Fels des Canyons zu schlagen.

Ken führt uns mit langsamen, sicheren Schritten weiter. Er hebt seine Laterne. Vor uns sehen wir menschliche Profile, die in die Höhlenwände gemeißelt oder später hinzugefügt wurden. Sie bilden ein halb geöffnetes Tor und verbinden den Bogen des Durchgangs mit dem Boden.

Wir sind von einer Welt in eine völlig andere getreten.

»Fünfzehn« ist 1,80 m groß und wurde 1934 geboren. Sein silbergraues, schulterlanges Haar trägt er meist als Pferdeschwanz. Er hat durchdringende, braune Augen. Er kam in Spanien zur Welt. Sein ganzes Leben hat er der Entwicklung einer Zeitreise-Technologie gewidmet. Sein normaler Arbeitstag hat zwanzig Stunden, er schläft jede Nacht lediglich vier Stunden. Er ist vollkommen auf sein Ziel konzentriert und vergeudet keine Zeit mit der Entwicklung von Projekten, die nichts damit zu tun haben. Bei der ACIO gibt es immer mehrere Projekte, aber »Fünfzehn« lässt sich nie in sie hineinziehen. In der Labyrinth Group dagegen sind alle Projekte mit der Zeitreise-Technologie verknüpft.

»Fünfzehn« bekam die ersten grauen Haare schon mit Mitte zwanzig. In einer Lebensphase, in der die meisten Studenten vor allem an Mädchen und Partys denken, hatte er sich bereits voll und ganz seiner Lebensaufgabe verschrieben. In den 1950er Jahren galt das Interesse für Zeitreisen unter Wissenschaftlern noch als Zeitvergeudung. Deshalb gab es Konflikte zwischen »Fünfzehn« und seinen Professoren, die sich bedroht fühlten, wenn sie mit ihm sprachen. Er war einfach viel, viel kreativer als sie und besaß auch viel mehr Wissen. Überdies war er stur. Wenn seine Professoren verlangten, dass er sich in andere Dinge vertiefte, tat er sie verächtlich als zu engstirnig ab.

Er flog schließlich von der Universität, wurde aber sogleich von den Bell Laboratories angeworben. Dort interessierte man sich sehr für seine Forschungen über Quantenobjekte (Elektronen und Neutronen) und den Einfluss, den das Bewusstsein auf diese ausüben kann. Dennoch galt »Fünfzehns« Behauptung, dass Einsteins Relativitätstheorie nicht adäquat sei, weil sie den Einfluss des Bewusstseins auf Quantenobjekte nicht berücksichtigte, in wissenschaftlichen Kreisen als Häresie.

»Fünfzehn« konnte seine Behauptung zwar mathematisch nicht beweisen, aber im Geheimen arbeitete er dennoch weiter daran. Dann wurde man bei der der äußerst geheimen Spionageagentur ACIO auf ihn aufmerksam. Ihr damaliger Leiter erkannte die Kraft seines Intellekts und seine gewaltige Kreativität. Als »Fünfzehn« dieser Agentur beitrat, wurden seine Identität und sämtliche Spuren seines bisherigen Lebens aus allen öffentlichen Datenbänken gelöscht.

Allmählich stieg er zum Leiter der Entwicklungsabteilung bei der ACIO auf. Später unterzog er sich einem Spezialprogramm zur Erhöhung der Intelligenz und des Erinnerungsvermögens (Corteum Intelligence Accelerator Technology). Alle Mitglieder der Labyrinth Group durchliefen diesen Prozess. Doch bei »Fünfzehn« schlug die Technologie besonders gut an, sodass seine Überlegenheit anschließend noch viel größer geworden war.

»Fünfzehn« gilt aus gutem Grund als der intelligenteste Mensch, der heute lebt.

Dieser geniale Kopf ist der Leiter der beiden fortschrittlichsten Organisationen auf diesem Planeten – der ACIO und der Labyrinth Group.

Ken bleibt zwischen den beiden menschlichen Profilen stehen und sagt: »Als ich vor sieben Jahren mit den fünf Forschern der ACIO diese Stufen hinunter stieg und an dieses Tor kam, geschah etwas Interessantes. Das Artefakt, das der Gruppenleiter trug, hatte sich in dieser Höhle auf rätselhafte Weise aktiviert, und sein Geräusch war in dem engen Tunnel immer lauter geworden. Aber dann wurde es plötzlich wieder leiser, und als wir hierher gelangten, verstummte es völlig.«

Melvin und ich hören aufmerksam zu. Irgendwie haben wir beide das Gefühl, dass jedes bisschen Information höchst wertvoll ist. Ken fährt fort: »Da wussten wir, dass dieses Artefakt oder dieser Ausrüstungsgegenstand seinen Zweck erfüllt hatte. Es war kein Zufall, dass wir es am Höhleneingang gefunden hatten. Und es war auch kein Zufall gewesen, dass es sich einschaltete und immer lauter wurde, während es uns auf den richtigen Weg führte. Als wir diese Tore erreicht hatten, war es überflüssig geworden.«

Mit diesen Worten dreht Ken sich um und bewegt sich weiter vorwärts. Er geht zwischen den gemeißelten Profilen hindurch. Er betritt die Höhlenkammer, die vor uns liegt. Melvin und ich folgen ihm. Ken hebt seine Gaslaterne hoch.

Wir bleiben wie angewurzelt stehen. Hier herrscht eine eisige Atmosphäre, die nicht von dieser Welt zu sein scheint. In diesem Augenblick spüren wir instinktiv, dass wir als Menschen einen Ort betreten haben, der einer höher entwickelten Zivilisation gehört. Wir sind erfüllt von Respekt und Neugierde.

Ich weiß nicht, wie lange diese erste Begegnung dauert und wie lange wir wie festgefroren da stehen. Ken hält geduldig seine Laterne erhoben und dreht sich langsam.

Das Licht erhellt die Details der runden Kammer. Sie hat einen Radius von etwa vier Metern und ist recht hoch – etwa sechs Meter. Sie wurde in einem einzigen Arbeitsgang ausgehöhlt, nach einem genauen Plan, ist sehr regelmäßig und mit einer gummiartigen, schützenden Substanz bestrichen.

Der Grund für unsere Sprachlosigkeit ist ein riesiges Wandgemälde in einer Kombination aus sehr hellen und sehr dunklen Farben. (Ich erinnere mich an das spezifische Blau der Maya.) Auf dem Bild sieht man unregelmäßige, runde Formen in Dunkelbraun, Violett, Gelb und Hellbraun sowie einen roten Mond auf hellblauem Hintergrund ... Am unteren Rand des Bildes ist eine weiße Fläche in Gestalt eines Stiefels mit hieroglyphischen Zeichen: Spiralen, Formen, die an die Symbole für männlich und weiblich erinnern, die stilisierte Figur eines Menschen (vom Kopf gehen statt der vier Strahlen, an die ich inzwischen gewöhnt bin, acht Strahlen aus) sowie eine Zickzacklinie, die in einer Kurve endet, die ihrer-

seits zu einem etwas größeren Kreis führt (eine männliche Fortpflanzungszelle?) ...
Dreißig Meter hinter uns liegt der Eingang der Höhle, der Ausgang ins Alltagsleben. Und wir stehen hier vor einer Flut von Fragen, in einem Teil der Welt, über den wir absolut nichts wissen.
Ken bewegt sich langsam auf die Passage zu, die in eine weitere Kammer führt. Was steht uns dort bevor?

Das Hauptquartier der größten amerikanischen Sicherheitsbehörde, der NSA (National Security Agency), befindet sich in Washington. Zehntausende von Angestellten verbringen hier ihr ganzes Berufsleben unter äußerster Geheimhaltung. Das Hauptquartier der ACIO (Advanced Contact Intelligence Organisation) befindet sich auf der anderen Seite der Vereinigten Staaten, fern des geschäftigen Betriebs der zivilen und militärischen Spionageabteilungen. Eine steinige Wüste in der Nähe der kalifornischen Stadt Palm Springs verbirgt den schon lange etablierten unterirdischen Laborkomplex. Auf der Erdoberfläche steht lediglich ein einstöckiges Gebäude mit Antenne und Satellitenschüssel auf dem Dach. In den zwanzig unterirdischen Stockwerken befinden sich die Büros und Forschungslabore für die 226 Wissenschaftler der ACIO.
Vor dem Eingang des Komplexes steht ein bescheidenes Schild mit der Aufschrift »United States Experimental Weather Center. Restricted Access«. Angeblich ist dies also das experimentelle Wetterzentrum der Regierung, das die Wetterbedingungen kontrolliert und dem Normalbürger den Zutritt verweigert. Oberirdisch arbeiten tatsächlich elf Wissen-

schaftler an Methoden, das Wetter zu beeinflussen und zu kontrollieren. Für diese Arbeit erhalten sie Gelder aus dem Staatshaushalt. Aber natürlich ist dies nur ein Deckmantel für die Dinge, die sich unterirdisch abspielen.

Die ACIO ist das Intelligenzzentrum unseres Planeten. Ihre Bibliothek enthält unter anderem sämtliche Bücher mit allen bekannten und unbekannten Prophezeiungen der letzten paar Jahrtausende. Diese Bücher wurden über Jahrzehnte gesammelt und von anderen Bibliotheken überall auf der Welt zusammengekauft. Die meisten Prophezeiungen erwähnen eine unbekannte Zivilisation aus den Tiefen des Kosmos, die nach 2012 die Kontrolle über unseren Planeten übernehmen wird.

Innerhalb der ACIO gibt es Informations- und Sicherheitsstufen. Alle Wissenschaftler, die seit 1969 mindestens die Stufe zwölf erreicht haben, werden Mitglieder einer exklusiven, globalen Gruppe – der Labyrinth Group. Es sind insgesamt 66. Sie alle haben vorher einen Prozess durchlaufen, in dem mit Hilfe unterschiedlicher Methoden ihre intellektuellen Fähigkeiten geschärft wurden, als da wären fotografisches Gedächtnis, Zugang zu geheimer Information, multiple Intensivierung der Intelligenz und des kreativen Denkens, parapsychologische Fähigkeiten und so weiter.

Als Sicherheitsmaßnahme wurde jedem von ihnen ein Transmitter von der Größe eines Reiskorns in den Hinterkopf implantiert. Dieses Gerät verstärkt die energetische Ausstrahlung des Organismus. (Jeder Mensch strahlt eine andere Frequenz aus, wie die ACIO in den späten 1950ern entdeckte. Diese Frequenz ist ebenso einzigartig wie Fingerabdrücke.) Per Satellit werden die Bewegungen sämtlicher ACIO-Wissenschaftler ständig mitverfolgt, und bisher ist auch noch niemand aus der Behörde ausgeschieden. (Bis auf ... hm, aber davon später.)

An der Spitze der Labyrinth Group steht ein Aufsichtsrat, der aus sieben Mitgliedern besteht. Sie alle besitzen Sicherheitsstufe 14. Es sind dies der Kommunikationsleiter und Protokollführer Li-Ching, der ausführende Direktor James Louden, der Forschungs- und Entwicklungsleiter Leonard Ortman, der Leiter aller mit der ACIO verknüpften Projekte Lee Whitman, Spezialprojektleiter Jeremy Saunders und der Sicherheits- und Verteidigungschef James Evans (ein ehemaliger Elitesoldat der Marineeinheit Navy Seals).

Sie bilden den inneren Kreis und sind die engsten Kollegen des einzigen Menschen auf diesem Planeten, der Sicherheitsstufe 15 hat und unter seinen Kollegen einfach »Fünfzehn« genannt wird.

Das Jahresgehalt dieser ausgewählten Wissenschaftler beträgt im Durchschnitt etwa eine halbe Million Dollar (doppelt so viel wie das des Präsidenten der Vereinigten Staaten). Und es gibt keine Steuerhinterziehung, denn drei dieser Leute haben eine andere Identität als die, mit der sie geboren wurden. Die meisten wohnen in einer Siedlung unweit des Labor-Komplexes. Ihre bescheidenen Vier-Zimmer-Häuser und gebrauchten Autos lassen nicht ahnen, dass sie »Millionäre« sind. Tatsächlich lebt keiner von ihnen im Luxus, und keiner gibt viel Geld aus. Die meisten unterstützen Wohltätigkeitsorganisationen.

Kens Laterne erhellt eine andere Kammer. Melvin und ich sind sprachlos. Uns geht es wie Leuten, die zum ersten Mal in eine große Stadt kommen und voller Staunen, mit offenem Mund, vor den Wolkenkratzern stehen.

23
Projekt
»Ancient Arrow«

Nord-Neumexiko

Eine schmale, etwa zehn Meter lange Passage trennt die erste Kammer von der zweiten. Sie bildet eine sanfte Kurve. Kens Laterne erleuchtet den Eingang zur zweiten Kammer. Wieder ein runder Raum mit einem Radius von vier Metern und sechs Meter hohen Bogengängen. Vollkommen glatte Wände. Und natürlich ein weiteres Wandgemälde.

Der Hintergrund wird von Himmelblau beherrscht. Langgezogene Kreise überlappen einander. Ein Rand ist mit Hieroglyphen beschriftet. Am Fuß des Bildes sieht man eine Landschaft, die an die steinigen Wüsten Mexikos erinnert. In der oberen rechten Ecke ist ein Mond.

Kens Laterne und meine Taschenlampe beleuchten das Bild. Ich habe jedoch den Eindruck, dass das Licht aus dem Bild selbst kommt. Bewegen sich diese Bilder etwa? Dies ist mehr als die übliche perspektivische Tiefe, die man sonst beim Betrachten solcher Zeichnungen sieht.

Die einander überlappenden Kreise, die miteinander verschmelzen, lassen mich an eine Passage von einer neumexikanischen Landschaft in den Nachthimmel denken …

Professor Stevens lehrt Archäologie an der Universität von Neumexiko. Irgendwann hat man auch ihm das Artefakt gezeigt, das in dem Canyon gefunden wurde, und ihn gebeten, es zu analysieren. Er kam schnell zu dem Schluss, dass es außerirdischen Ursprungs sein musste – aufgrund des Materials, aus dem es bestand, aufgrund der nie zuvor gesehenen Hieroglyphen und aufgrund der Form und der Eigenschaften dieses Objekts, das sich jeder modernen, wissenschaftlichen Analyse entzog. Per Email berichtete Stevens einigen seiner Kollegen und Freunde davon. Da er das Wort »außerirdisch« darin benutzte, wurde die amerikanische Spionagebehörde, die sämtliche Emails im Internet liest und analysiert, darauf aufmerksam. Aufgrund ihres Inhalts schickte sie seine Email an die ACIO. Dort gab »Fünfzehn« sie an seinen Sicherheitschef Evans weiter. Sechsunddreißig Stunden, nachdem Professor Stevens das Artefakt in die Hand bekommen hatte, erschienen Evans' Mitarbeiter in seinem Büro. Sie stellten sich als Mitglieder der NSA (National Security Agency) vor, erklärten das Artefakt zum »Objekt von nationalem Interesse«, beschlagnahmten es und brachten es nach Kalifornien in ihr Hauptquartier.

Die rothaarige, hübsche (und etwas pummelige) Samantha Folten arbeitet in der Remote-Viewing-Abteilung der ACIO. Schon mit fünfunddreißig Jahren war sie für ihre hoch entwickelten parapsychologischen Fähigkeiten bekannt. Viele Spionagebehörden (beispielsweise CIA, FBI, NSA, ACIO, KGB und MI) arbeiten seit den 1970er Jahren bis heute an der Entwicklung von Methoden, Dinge aus der Ferne zu sehen (Remote Viewing), eine Technik, die auch »mentale Projektion aus der Entfernung« genannt wird. Mit Hilfe dieser mentalen Projektionen sind die »Seelen« der Agenten in der Lage, jeden Raumzeitpunkt der Erde oder des Universums aufzusuchen und dort hörbare oder visuelle Informationen zu sammeln. Die kalifornische ACIO und die Labyrinth Group haben offenbar mit dieser Technik die größten Fortschritte erzielt, denn die Berichte ihrer Agenten sind präziser und enthalten mehr Einzelheiten als die der anderen. Samanthas Sicherheitsstufe wurde schon vor dem Neumexiko-Projekt von fünf auf sieben erhöht.

Der 47-jährige, schon etwas kahlköpfige Darius McGavin ist Chef der Abteilung für Spezialprojekte bei der NSA – seit die NSA in den frühen 1950er Jahren die ACIO gegründet hatte, um aufgefundene außerirdische Technologien zu studieren und innerhalb des NSA-Spezialprojekt-Rahmens anwendbar zu machen. Darius McGavin hat sogar einen höheren Rang als »Fünfzehn«, der mächtige Chef der ACIO. Aber die ACIO verbirgt ihre eigentlichen Absichten geschickt vor ihren Gründern, sodass weder die NSA noch Darius das Ausmaß und den Entwicklungsstand der Projekte der ACIO kennen.

Schon mehrmals haben Agenten der NSA versucht, die ACIO zu infiltrieren, aber die ACIO setzte spezielle Methoden gegen sie ein, etwa die teilweise Löschung von Erinnerungen, wodurch sie rasch neutralisiert werden konnten. Darius McGavin brillierte überall, wo er studierte – zunächst an der Militärakademie der Luftwaffe, dann am Technologischen Institut von Massachusetts und schließlich als Doktorand auf der Yale-Universität.

Er war erst 24 Jahre alt, als er bei der NSA eintrat. Innerhalb von nur elf Jahren stieg Darius zur mächtigen Position als Chef der Spezialprojektabteilung auf. Tausende von Wissenschaftlern und eine ganze Reihe von Spionageagenten arbeiten inzwischen unter seiner Leitung. Aufgrund der Informationen, die er gesammelt hatte, war Darius fest davon überzeugt, dass »Fünfzehn« zentrale Bereiche einer Supertechnologie (die von höher entwickelten Zivilisationen entwickelt worden war) an finanzgewaltige Plutokraten verkaufte, die die globalen Finanzmärkte kontrollieren und letztlich als die eigentliche, wenn auch unsichtbare Weltregierung betrachtet werden müssen.

Vielleicht ist *Incunabula* das treffendste Wort für diese finanziellen Herrscher unseres Planeten. Es handelt sich um eine handverlesene Gruppe der reichsten Männer, die den weltweit größten Anteil an Goldreserven, Platin, Diamanten und anderer Edelsteine besitzen. Sie kontrollieren die Exekutive der amerikanischen Staatsbank, den Internationalen Währungsfond und die Weltbank und besitzen die größten Banken. Sie sind Gründer und Leiter von Eliteorganisationen wie der Bilderberg-Gruppe, der Trilateralen Kommission und des Rats für Internationale Beziehungen von Großbritannien und den Vereinigten Staaten. Mit Hilfe der Technologie und der Software, die sie von der ACIO und »Fünfzehn« erhielten, besitzen sie die totale Kontrolle über den Weltmarkt und können ihn in jede gewünschte Richtung lenken. Es ist längst bekannt, dass sie auch Technologie zur Wetterkontrolle besitzen (»Pabulum Seed«). »Fünfzehn« hat ihnen außerdem auch noch andere Hightech-Spielzeuge zur Verfügung gestellt, mit deren Hilfe sie die internationalen Landesgrenzen manipulieren und politische Machtblöcke von einem Zentrum zum anderen verschieben. Zum Ausgleich hat »Fünfzehn« von ihnen unbegrenzten Zugriff auf ihre finanziellen Ressourcen und ihren politischen Schutz erhalten, die er braucht, um die Entwicklung seiner »Zeitreise-Technologie« ungehindert vorantreiben zu können.

Incunabula war einst der Name einer erlesenen Gruppe von Herrschern und Königen. Noch immer spielt das Blaue Blut der Könige eine Schlüsselrolle, aber gelegentlich öffnen sich nunmehr auch einigen auserwählten, superreichen Bürgerlichen die Türen. Dennoch besitzen sie nicht die absolute Macht über diesen Planeten. Von Zeit zu Zeit machen ihnen gewisse Politiker, die nicht zu ihnen gehören, Konkurrenz, solange sie sich an der Macht befinden, unterstützt von Spionageagenturen und Großkonzernen.

Dr. Jamisson Neruda ist ein brillanter Polyglott und spricht dreißig lebende und zwölf tote Sprachen. Er ist der weltweit kompetenteste Spezialist für die Entzifferung von Petroglyphen und Hieroglyphen. Er ist Mitglied der ACIO und der Labyrinth Group und hat die Sicherheitsstufe dreizehn. Er kam 1949 in Bolivien zur Welt und emigrierte zusammen mit seinem Vater in die Vereinigten Staaten. Dieser war ebenfalls ein genialer Wissenschaftler und entdeckte 1952 die Überreste eines UFOs in Bolivien. Da er Teile des UFOs entwendet hatte, besaß er bei seinen Verhandlungen mit den Amerikanern eine erstklassige Handhabe, sodass man ihm und seinem Sohn sowohl die Staatsbürgerschaft als auch einen Posten bei der ACIO gewährte. Seit 1996 leitet Dr. Neruda das Projekt »Ancient Arrow« (antiker Pfeil), das sich mit der Analyse eben jenes seltsamen Artefakts aus Neumexiko beschäftigt, das von einer unbekannten, uns übergeordneten Zivilisation hinterlassen wurde, sowie mit der Erforschung der Höhle, in der es gefunden worden war.

Nachdem Dr. Neruda die Inschrift mit den Schriften der Sumerer, Maya und Anasazi verglichen hatte, gelang es ihm, die Hieroglyphen zu entziffern und Kontakt mit der Zivilisation ihres Ursprungs aufzunehmen. Er beabsichtigte, die Öffentlichkeit über diese Tatsachen zu informieren, doch sein Vorhaben wurde von der Labyrinth Group verhindert. Sein Vorgesetzter Jeremy Saunders entzog ihm die Leitung des Projekts und versetzte ihn auf einen anderen Posten. Aus Angst, dass man ihn dem Prozess des teilweisen Gedächtnisverlustes aussetzen würde, beschloss Dr. Neruda zu fliehen. Im Frühling 1997 wurde er das erste ACIO-Mitglied, das spurlos aus dieser supergeheimen Organisation verschwand. Es gelang ihm, den Transmitter-Chip aus seiner Schulter zu entfernen. Nun widmet er sein Leben der Erforschung von sechs weiteren »Zeitkapsel«-Höhlen, die der Höhle in Neumexiko vergleichbar sind. Sie befinden sich auf verschiedenen Kontinenten, und sobald man sie alle entdeckt hat, wird man auch die Lösung für die Probleme bei der Entwicklung von Technologien finden, mit denen man diesen Planeten vor der für die absehbare Zukunft vorausgesagten Invasion schützen kann.

(Jedes Mal, wenn eine Email per Internet verschickt wird, wird der Text nach Schlüsselworten durchkämmt, die für die Nachrichtendienste von Interesse sind. Zum Beispiel ist auch der Text, den Sie gerade lesen, mit Namen und Begriffen für gewisse Technologien gespickt, und dies könnte ohne Weiteres Anlass für eine sehr genaue Prüfung sein.)

1773 verfolgte Charles Messier am Nachthimmel den Weg eines Kometen und entdeckte dabei eine Galaxis, die heute den Katalognamen M 51 trägt. Acht Jahre später bemerkte sein Freund, der Astronom Pierre Mechain, dass diese Galaxis eine etwas kleinere Galaxis mit dem Namen NGC 5195 berührt. Erst Mitte des folgenden Jahrhunderts, nämlich im 19. Jahrhundert, stellte Lord Fosse mit Hilfe eines weiterentwickelten Teleskops fest, dass die Galaxis M 51 die Form einer Spirale hat.

Dies war die erste spiralförmige Galaxis, die von unserer Zivilisation entdeckt wurde.

Weitere Forschungen ergaben, dass die benachbarte Galaxis NGC 5195 ebenfalls spiralförmig ist. Also befinden sich eine größere und eine kleinere Spirale etwa dreißig Millionen Lichtjahre von unserem Planeten entfernt.

Heute sind wir natürlich beim Studium des Kosmos ein paar Schritte weiter. Man geht inzwischen davon aus, dass das bekannte Universum aus etwa 20 Milliarden Galaxien besteht. Und jede umfasst im Durchschnitt 100 Milliarden Sonnensysteme – auch die Galaxis M 51.

Bei all diesen unendlichen Möglichkeiten bleibt jedoch die Tatsache bestehen, dass unsere Teleskope mit M 51 die erste spiralförmige Galaxis entdeckt haben, die obendrein auch noch einen kleineren spiralförmigen Begleiter besitzt.

Auf dem höchsten Punkt des eindrucksvollen Plateaus Fajada Butte am Eingang zum Chaco Canyon befinden sich Petroglyphen der Anasazi. Es sind zwei Spiralen – eine kleinere und eine größere. Durch ihr präzises Licht- und Schattenspiel verfolgen sie den Sonnenlauf und determinieren exakt den jeweiligen Zeitpunkt der Winter- und Sommersonnwenden.

Ist das bloßer Zufall? Oder wussten die Anasazi schon tausend Jahre vor der »offiziellen Entdeckung« der doppelten kosmischen Spirale von dieser Galaxis M 51, obwohl sie mit dem bloßen Auge nicht sichtbar ist?

Und wenn sie von dieser Galaxis wussten – waren dann ihre Visionäre die Quelle dieser Information? Haben sie sie auf ihren spirituellen Reisen gefunden? Oder verbirgt sich die

Lösung diesmal auf der materiellen Ebene? Hatten die Anasazi Zugang zu der geheimen Höhle, die von einer unbekannten, uns übergeordneten Zivilisation geschaffen wurde und in deren Wände solche Spiralen und vielleicht auch ein paar hieroglyphische Erklärungen eingemeißelt wurden?

Die Höhle ist nur ein paar Dutzend Kilometer von Chaco Canyon und Pueblo Bonito entfernt. Diese waren das Herz der Anasazi-Welt, wo alles im Jahr 850 seinen Anfang nahm.

Ken, Melvin und ich verlassen die zweite Kammer und treten in die dunkle Passage.

Nachdem wir etwa zehn Meter in den halbkreisförmigen, engen Tunnel vorgedrungen sind, stoßen wir auf den Eingang zu einer dritten Kammer. Sie ist genauso geformt wie die beiden vorigen Kammern – kreisförmig, mit hohen Bogendurchgängen. An der Wand befindet sich ein weiteres Gemälde. Darauf ist in der linken oberen Ecke ein stilisierter Kokopeli mit einer Flöte zu sehen. Um ihn herum markieren Kreise die Schallwellen, die nach allen Richtungen von ihm ausgehen. In der rechten oberen Ecke befindet sich die Figur eines Menschen mit ausgestreckten Armen und Beinen.

Sofort erkenne ich in den Symbolen die Schutzkräfte von den Wänden der Anasazi-Siedlungen wieder. Auch hier sieht man im Hintergrund einen Himmel voller Sterne und den Mond. Dazu ein Dreieck, eine Spirale, das runde Tor mit den Hieroglyphen ...

Dies wirft ein ganz neues Licht auf alle meine Fragen und bisher gefundenen Antworten über die Anasazi. Mir war klar gewesen, dass ihre Kultur sich nicht durch den langsamen Evolutionsprozess entwickelt hatte, obwohl die Wissenschaftler sich bemühen, dies zu beweisen. Vielmehr ist ihre Zivilisation in der Mitte des 9. Jahrhunderts urplötzlich in den Canyons von Neumexiko aufgetaucht.

Ihr astronomisches Wissen, ihre Nutzung der Energieströme von Erde und Sonne, ihre praktische Anwendung von Frequenzen im Alltag ... Jetzt gibt es für all dies eine Erklärung.

Melvins Stimme unterbricht meine Gedanken. Er fragt Ken, ob sie damals, als sie diese Höhle zum ersten Mal betraten, sonst noch etwas gefunden haben.

»Ja. In jeder Kammer lag ein Artefakt. Zum Beispiel lag in der ersten Kammer eine Schüssel, die eindeutig von den Anasazi stammte. In der zweiten war ein rechteckiges Kristallobjekt ...«

Wir gehen weiter. Ich habe das Gefühl, als würden wir durch alle diese Passagen und Kammern immer tiefer hinabsteigen. Die Tunnels sind finster und gewunden. Aber jede Kammer ist voll leuchtender Farben, und man hat den Eindruck, diese Wandgemälde seien nicht nur dreidimensional, sondern vier- oder gar fünfdimensional ...

Ist dies ein Durchgang zu einer anderen Welt, zur Welt der verborgenen Erbauer?

Endlich erreichen wir die letzte Kammer. Die dreiundzwanzigste. Auch hier befindet sich auf der glatten Wand ein Bild, aber alles andere ist anders. Der Boden ist unfertig. Es fehlt die gummiartige Substanz. Fehlte den Erbauern die Zeit, diese Kammer zu vollenden?

Oder haben sie sie absichtlich unvollendet zurückgelassen?

Was könnte dieser Komplex symbolisieren?

Dreiundzwanzig Kammern, durch Tunnel verbunden, in der Gestalt einer Spirale ... Unsere DNS hat 23 Chromosomenpaare. Diese Höhle hat 23 Kammern, in denen sich 23 Artefakte befanden ... Das ergibt 23 Paare. Der ganze Höhlenkomplex hat die Gestalt einer Spirale... genau wie die spiralförmigen DNS-Chromosomenlinien. Das, was unsere Spezies im Kosmos einzigartig macht, ist unsere DNS. Warum ist aber die dreiundzwanzigste Kammer unvollendet?

Ist unsere DNS, symbolisch gesehen, unvollendet? Was könnte in unserem genetischen Code noch fehlen? Würde dieses fehlende Puzzlestück einen Entwicklungssprung unserer Spezies bedeuten? Und wenn ja, in welche Richtung könnte sich unsere Spezies weiterentwickeln? Meine Gedanken jagen sich. Ich weiß, dass unserer Zivilisation das Verständnis ihrer kosmischen Komponente fehlt. Wir müssen unsere fünf materiellen Sinne durch den spirituellen Sinn vervollständigen. Es erscheint völlig logisch, dass man uns eine Botschaft hinterließ, in der man uns warnt: Unser Gensystem ist noch nicht das Ende der Geschichte! Und es steht ein genetischer Sprung bevor, der unsere Spezies weiterbringen wird.

Auf dem Rückweg frage ich Ken, ob man das Alter dieser Kammern mit ihren Bildern analysiert hat. Er sagt, dass er Dr. Neruda seit damals nur ein einziges Mal wiedergesehen hat. Damals erzählte ihm Neruda, dass man mit Hilfe der Kohlenstoffmethode als Entstehungsjahr für die Wandgemälde 850 festgestellt hat.

Dies beantwortet eine ganze Reihe meiner Fragen. Die Anasazi hatten also Vorbilder, die ihnen mitten in diesen steinigen Wüsten und Canyons dabei halfen, eine fortgeschrittene Zivilisation zu gründen.

Melvin hatte Recht, als er mich einlud, diese Reise zu unternehmen. Die Erhellung der dunklen Anasazi-Geheimnisse hat jetzt endlich begonnen.

Register der Namen und Orte

mit Verweis auf die betreffenden Kapitel

A

Akoma, Pueblo-Indianerstamm, Neumexiko (1)
Al Wetherhill (1896), Archäologe und Ranchbesitzer (1), (11)
Albuquerque, moderne Stadt mit 500.000 Einwohnern in Neumexiko (1)
Andrew Douglas (1929), Astronom, Arizona (3)
Antelope House, Anasazi-Siedlung, Canyon de Chelly, Arizona (18)
Antonio de Narbona (1805), spanischer Befehlshaber (18)
Apachen, Gruppe verwandter Indianerstämme, Neumexiko (1)
Aztec, Anasazi-Siedlung, Neumexiko (3), (9), (10)
Azteken, präkolumbianische Zivilisation in Mexiko (5), (16)

B

Balcony House, Anasazi-Siedlung in Mesa Verde, Colorado (11)
Betatakin, Anasazi-Siedlung im Schutzgebiet Navaho National Monument, Arizona (16)
Black Mesa, Tafelberg in einer Steinwüste in Arizona (15)
Bloomfield, moderne Kleinstadt in Neumexiko (9)

C

Canyon de Chelly, Gebiet mit mehreren Anasazi-Siedlungen in Arizona (17), (18), (19)
Canyon del Muerto, Gebiet mit mehreren Anasazi-Siedlungen in Arizona (18)

Carlos Castaneda (1988),
  amerikanischer Autor (13)
Carravahal (1849), mexikanischer
  Anführer (6)
Casa Chiquita, Anasazi-Siedlung,
  Chaco Canyon, Neumexiko (6)
Casa Rinconada, Anasazi-Siedlung und Observatorium (6)
Canyon Group, Anasazi-Siedlung, Hovenweep, Utah (14)
Chaco Canyon, Mittelpunkt der Anasazi-Welt, Neumexiko (1), (2), (3), (4), (5), (6), (7), (8), (9), (10), (12), (13), (14), (15) (16), (19)
Chetro Ketl, Anasazi-Siedlung, Chaco Canyon, Neumexiko (5), (6)
Chichen Itza, Mayastadt, Yucatan, Mexiko (16)
Chimney Rock, Anasazi-Siedlung und Observatorium, Colorado (19)
Chinley, Handelsposten der Navaho, Arizona (17)
Cibola, mythisches Gebiet im amerikanischen Südwesten mit »Sieben Goldenen Städten« (1)
Citadel, Anasazi-Siedlung, Wupatki National Monument, Arizona (19)
Cliff Palace, Anasazi-Siedlung, Mesa Verde, Colorado (12), (13)
Cocopa, Indianerstamm in Arizona (15)

Copan, Mayastadt, Honduras (19)
Coronado State Monument, archäologische Anasazi-Fundstätte mit Park und Museum (1)
Cortez, moderne Kleinstadt in Colorado (13)
Cosmos Mindeleff (1882), Archäologe (18)

D

Dave Wilson (2004), Navaho-Touristenführer, Canyon de Chelly, Arizona (17), (18)
De Miera (1770), spanischer Forschungsreisender (8)
Dendrochronologie (Jahresringchronologie), wissenschaftliche Methode, um das Alter von Pflanzen zu ermitteln (3), (19)
Dine (»Volk«), Name der Navaho für sich selbst (17)
Don Francisco Vasquez de Coronado (1540), spanischer Gouverneur (1)
Don Juan Mates (1988), mexikanischer Schamane (13)
Durango, Kleinstadt in Colorado (11)

E

E. L. Hewitt (1930), Archäologe (9), (10)
Earl Morris (1934), Archäologe (9), (10)

Erland Nordenskjöld (1891), schwedischer Forschungsreisender (11)

Esteban (1540), Konquistadoren-Anführer (1)

F

Face Rock, Anasazi-Siedlung, Canyon de Chelly, Arizona (18)

Fajada Butte, astronomisches Observatorium der Anasazi, Chaco Canyon, Neumexiko (2), (14)

Farmington, moderne Kleinstadt in Neumexiko (1), (9), (10)

First Mesa, Teil eines Hopi-Reservats in Arizona (16)

Flagstaff, moderne Stadt in Arizona (19)

Four Corners Monument, Treffpunkt der Grenzen von vier amerikanischen Bundesstaaten: Neumexiko, Colorado, Utah und Arizona (15)

G

Goodman Point, Anasazi-Siedlung, Montezuma-Becken, Colorado (19)

Grand Canyon, der Ort, an dem laut ihrer Legenden die Anasazi und Hopi aus den Eingeweiden der Erde herauf kamen (13), (15)

Grasshopper Ruins, Anasazi-Siedlung, Arizona (15)

Gustav Nordenskjöld (1896), schwedischer Baron und Erforscher des Mesa Verde Canyons (11), (13)

H

Havasu, Canyon in Arizona (15)

Havasupai, Indianerstamm in Arizona (15)

Havikuh, Zuni-Siedlung in Neumexiko (1)

Hemenway House, Anasazi-Siedlung, Mesa Verde, Colorado (13)

Hemez, Pueblo-Indianerstamm, Neumexiko (1)

Henry Jackson (1877), Fotograf und Forscher (5)

Hernán Cortéz (1519), spanischer Konquistador im 17. Jahrhunderts (16)

Hisatsinom, Hopi-Name der Anasazi (9)

Hokoham, Zeitgenossen der Anasazi in Arizona und Neumexiko (15)

Holly House, Anasazi-Siedlung, Hovenweep National Monument, Utah (14)

Hopi, Indianerstamm, der den Sitten der Anasazi folgt (1), (2), (4), (6), (12), (13), (15), (16), (17)

House of Many Windows, Anasazi-Siedlung, Mesa Verde, Colorado (13)

Hovenweep Castle, House und

National Monument, zwei Anasazi-Siedlungen und ein archäologischer Park in Utah (14)
Hungo Pavi, Anasazi-Siedlung, Chaco Canyon, Neumexiko (3), (6)

J

J. W. Fewkes (1917), Archäologe (14)
James H. Simpson (1849), Lieutenant der amerikanischen Armee (6), (18)
Javapai, Indianerstamm in Arizona (19)
John Newberry (1859), Geologe (9)
John Wetherhill (1891), Erforscher der Anasazi-Welt (11)
Junction Ruin, Anasazi-Siedlung, Canyon de Chelly, Arizona (18)

K

Kachina, dreifaltiges Symbol der Hopi: eine Naturkraft, eine Maske und eine Puppe (13), (16)
Kajenta, einer der drei architektonischen Baustile der Anasazi; hinzu kommen der Chaco- und der Mesa-Verde-Stil (16)
Keet Steel, Anasazi-Siedlung, Navaho National Monument, Arizona (16)
Kin Kletso, Anasazi-Siedlung, Chaco Canyon, Neumexiko (6), (7)
Kit Carson (1863), Colonel der amerikanischen Armee (18)
Kiva, rundes Gebäude mit astronomischen Eigenschaften, Treffpunkt der Anasazi, wo sie spirituelle Zeremonien durchführten (3), (4), (5), (6), (7), (8), (9), (10), (12), (14), (15), (19)
Kočiti, Stamm der Pueblo-Indianer, Neumexiko (1)
Kokopeli, Fruchtbarkeitssymbol vieler Zivilisationen in beiden Amerikas, »Casanova der Anasazi« (17)
Kokopelimana, Gemahlin des Kokopeli (17)
Kuana, Kleinstadt der Pueblo-Indianer, Neumexiko (1)
Kukulkan, Maya-Gottheit (16)

L

La Plata, Berggipfel und astronomischer Orientierungspunkt der Anasazi, Colorado (12), (13)
Laguna, Stamm der Pueblo-Indianer, Neumexiko (1)
Lancaster Ruin, Anasazi-Siedlung, Montezuma-Becken, Colorado (19)
Ledge Ruin, Anasazi-Siedlung, Mesa Verde, Colorado (13)
Lomaki, Anasazi-Siedlung, Wupatki National Monument,

Arizona (19)
Long House, Anasazi-Siedlung, Mesa Verde, Colorado (13)
Lowry, Anasazi-Siedlung, Montezuma-Becken, Arizona (19)

M

Magollon, Zeitgenossen der Anasazi, Arizona (15)
Marcos de Nica (1539), spanischer Mönch (10)
Maricopa, Indianerstamm in Arizona (15)
Massacre Cave, Anasazi-Siedlung, Canyon de Chelly (18)
Maya, Zivilisation Mittelamerikas (2), (3), (8), (15), (16), (19)
Mesa Verde, Canyon und National Park, archäologische Fundstätte mit vielen Anasazi-Siedlungen, Colorado (1), (10), (11), (12), (13), (14), (16), (19)
Meton-Zyklus, Mondzyklus von 18 ½ Jahren, den die Anasazi-Astronomen verfolgten (2), (12), (19)
Mishongovi, Hopi-Siedlung in Arizona (16)
Moctezuma, der letzte Herrscher der Azteken, Mexiko (16)
Mojave, Indianerstamm, Arizona (15)
Monte Alban, zeremonielles und astronomisches Zentrum, Oaxaca, Mexiko (19)
Montezuma-Becken, archäologischer Park mit Anasazi-Siedlungen in Colorado (19)
Montezuma Castle, Anasazi-Siedlung, Arizona (19)
Montezuma's Spring, Oase mit Ruinen mehrerer Anasazi-Siedlungen in Arizona (19)
Mormonen, weiße Siedler in Utah (11)
Mud Springs, Anasazi-Siedlung, Montezuma-Becken, Colorado (19)
Mummy Cave, Anasazi-Siedlung, Canyon de Chelly, Arizona (18)

N

Navaho, Gruppe verwandter Indianerstämme, Arizona und Neumexiko (1), (4), (5), (6), (10), (11), (13), (15), (17), (18)
Nazca-Linien, komplexe geometrische und zoomorphologische Zeichnungen in der steinigen Wüste Perus (8)
New Alto, Anasazi-Siedlung, Chaco Canyon, Neumexiko (6)
North Star (Nordstern), Gottheit der Navaho (15)

O

Old Oraibi, älteste Hopi-Siedlung in Arizona (16), (17), (18)

P

Pahana, laut Hopi-Legenden »der lang erwartete, verlorene weiße Bruder« (16)
Palenque, Mayastadt, Chiapas, Mexiko (19)
Pedro de Tovar (1539), spanischer Konquistador (16)
Penasco Blanco, Anasazi-Siedlung, Chaco Canyon, Neumexiko (6)
Phoenix, moderne Millionenstadt, Arizona (19)
Pictograph Point, Fundort von Anasazi-Petroglyphen, Mesa Verde, Colorado (13)
Piktoglyphen, in Stein gemeißelte astronomische und spirituelle Anasazi-Symbole (2), (18)
Piktogramme, in Stein gemeißelte und gemalte astronomische und spirituelle Anasazi-Symbole (12), (17)
Pueblo Alto, Anasazi-Siedlung, Chaco Canyon, Neumexiko (6)
Pueblo Bonito, Siedlung und Mittelpunkt der Anasazi-Welt, Chaco Canyon, Neumexiko (3), (4), (5), (6), (8), (10), (16)
Pueblo del Arroyo, Anasazi-Siedlung, Chaco Canyon, Neumexiko (6), (10)
Pueblo-Indianer, Gruppe von 19 Indianerstämmen, die den Sitten der Anasazi folgen, Neumexiko (1), (2), (3), (4), (6), (12), (16)

Q

Quetzacoatl, Azteken-Gottheit, Mexiko (16)

R

Red Mesa, Tafelberg in der Wüste von Arizona (15)
Richard Wetherhill (1896), Forschungsreisender und Erforscher der Anasazi-Welt (5), (11), (12)
Rimrock House, Anasazi-Siedlung, Hovenweep, Utah (14)

S

San Pedro, Fluss in Neumexiko (1)
San Ysidro, moderne Kleinstadt in Neumexiko (1)
Sand Canyon, Anasazi-Siedlung, Montezuma-Becken, Colorado (19)
Sandia, Reservat der Pueblo-Indianer, Neumexiko (1)
Santa Ana, Stamm der Pueblo-Indianer, Neumexiko (1)
Santo Domingo, Stamm der Pueblo-Indianer, Neumexiko (1)
Shiprock, moderne Kleinstadt, Neumexiko (13)
Sinagua, Zeitgenossen der Anasazi, Arizona (15)
Sipapu, symbolische Verbindung

zwischen den zwei Welten (Dimensionen) der Hopi und vermutlich auch der Anasazi (2), (13)

Skorpion, Sternbild, Navaho-Gottheit *Gah heet'e'ii* (15)

Sleeping Ute Mountain, heiliger Berg der Utah in Colorado (15)

Sliding House, Anasazi-Siedlung, Canyon de Chelly, Arizona (18)

Spider Rock, Anasazi-Siedlung, Canyon de Chelly, Arizona (18)

Spruce Tree House, Anasazi-Siedlung, Mesa Verde, Colorado (13)

Sun Temple, Observatorium der Anasazi in Mesa Verde, Colorado (12), (13)

Supai, geologische Schicht, Canyon de Chelly, Arizona (17)

T

Tasavuh, Hopi-Name der Navaho (16)

Teotihuacan, riesiges Zentrum der antiken Zivilisationen in Mexiko (8), (19)

Third Mesa, Gebiet im Hopi-Reservat in Arizona (16)

Threatening Rock, gewaltiger Felsbrocken, der auf Pueblo Bonito hinabstürzte, Chaco Canyon, Neumexiko (4)

Tikal, riesiges Zentrum der Maya in Guatemala (19)

Tohajili, Stamm der Pueblo-Indianer, Neumexiko (1)

Tolteken, die Weisen der antiken Zivilisationen Mexikos (2), (5), (19)

Tseyi, Navaho-Name des Canyon de Chelly, Arizona (17)

Tsin Kletzin, Anasazi-Siedlung, Chaco Canyon, Neumexiko (6)

Tula, Hauptstadt der Tolteken, Mexiko (16)

Tuzigoot National Monument, archäologischer Park mit mehreren Anasazi-Siedlungen, Arizona (19)

U

Una Vita, Anasazi-Siedlung, Chaco Canyon, Neumexiko (6)

Unit-Type House, Anasazi-Gebäude in Hovenweep, Utah (14)

Utah (Ute), Gruppe verwandter Indianstämme in Colorado und Utah (1), (11)

V

Vierte Welt, laut Hopi-Legende die Welt, in der wir heute leben (16), (17)

W

W. D. Huntington (1854), Anführer einer Mormonen-Expedition (14)
Walapi, Indianerstamm, Arizona (15)
Walpi, Hopi-Siedlung, Arizona (16)
White House, Anasazi-Siedlung, Canyon de Chelly, Arizona (18)
Wijiji, Anasazi-Siedlung, Chaco Canyon, Neumexiko (6)
William Prescott, Autor des Buches *Die Eroberung Mexikos* (9)
Wilson Ruin, Anasazi-Siedlung, Montezuma-Becken, Colorado (19)
Wukoki, Anasazi-Siedlung, Wupatki National Monument, Arizona (19)
Wupatki, Anasazi-Siedlung, Wupatki National Monument, Arizona (19)
Wupatki National Monument, ein Gebiet mit mehreren Anasazi-Siedlungen, Arizona (19)

Y

Yellow Jacket, Anasazi-Siedlung, Montezuma-Becken, Colorado (19)
Yucca House, Anasazi-Siedlung, Montezuma-Becken, Colorado (19)
Yuma, Indianerstamm, Arizona (15)

Z

Zia, Stamm der Pueblo-Indianer, Neumexiko (1)
Zuni, Stamm der Pueblo-Indianer, Neumexiko (1)

Über den Autor

Dr. Sam Osmanagich, ein in Bosnien gebürtiger Bürger der Vereinigten Staaten von Amerika, ist Autor, Forscher und Geschäftsmann, Professor der Anthropologie an der amerikanischen Universität in Bosnien-Herzegowina, Mitglied der bedeutenden russischen Akademie der Naturwissenschaften, zu deren Fakultät Dutzende von Nobelpreisträgern zählen, sowie der Entdecker des bosnischen Pyramidenkomplexes in Zentralbosnien (2005), Mitglied der archäologischen Gesellschaft von Alexandria, Verfasser von 12 Büchern über Frühgeschichte und Pyramiden sowie ein auf fünf Kontinenten anerkannter

Pyramidenforscher. Seine Vorträge eröffnet er gern mit dem inzwischen berühmten Satz: »Fast alles, was man uns über die Geschichte des Altertums lehrt, ist falsch: der Ursprung des Menschen, der Zivilisationen, der Pyramiden.«

Bekannt ist er auch als Autor und Kommentator der 12-teiligen TV-Dokumentation »Auf der Suche nach verlorenen Zivilisationen«, die auf seinem Buch *Civilization before the Beginning of Official History* (Zivilisationen vor Beginn der offiziellen Geschichtsschreibung) basiert. Die Dreharbeiten dazu fanden in Peru, auf den Osterinseln, in Bolivien, Costa Rica, Mexiko, Deutschland, Frankreich, Großbritannien, auf Malta, in Bosnien, Ägypten, im Libanon und in Jordanien statt. Er beteuert: »Alte megalithische Stätten lassen sich erst dann wirklich verstehen, wenn man sie aus physikalischer, energetischer und spiritueller Sicht gleichzeitig betrachtet.«

Auch zum Verständnis der geheimnisvollen Anasazi-Zivilisation ist dies der Schlüssel.

Mehr über den Autor und Entdecker:
www.SamOsmanagich.com

Gerald R. Clark
DIE ANUNNAKI
Vergessene Schöpfer der Menschheit

Auch als eBook

232 Seiten, Hardcover, oranges Leseband
Amra Verlag, € 19,95 [D]

ISBN 978-3-95447-191-1

»Eines der besten Bücher zum Thema. Clark hat Informationen zusammengetragen wie noch niemand vor ihm. Ich kann dieses Werk nur jedem empfehlen!« – In den USA ein Amazon-Bestseller!

Auch als eBook

Frank Joseph
LEMURIEN
Aufstieg und Fall der ältesten Weltkultur

488 Seiten, Hardcover mit Farbfotos, weißes Leseband
Amra Verlag, € 24,95 [D]

ISBN 978-3-939373-18-6

Eine längst überfällige historische Aufarbeitung aller Quellen über das sagenumwobene Inselreich im Pazifik. Das umfassendste und vermutlich wichtigste Buch über die Urheimat der Menschen.

Hunbatz Men
DIE HEILIGE KULTUR DER MAYA
Ihre atlantische Herkunft, das Kalendersystem und seine Ausrichtung auf die Plejaden

Auch als eBook

192 Seiten, Hardcover, goldenes Leseband
Amra Verlag, € 19,95 [D]

ISBN 978-3-939373-74-2

Der Autor ist Tageshüter der Maya in 12. Generation und gibt die Geheimnisse einer alten Hochkultur preis, die schon seit 12.000 Jahren den Westen beeinflusst.

Textauszüge, Videos und Hörproben auf www.AmraVerlag.de

»Fast alles, was man uns über die Geschichte des Altertums lehrt, ist falsch: der Ursprung des Menschen, der Zivilisationen, der Pyramiden.«

Dr. Sam Osmanagich

BUCH: DIE PYRAMIDEN VON BOSNIEN
Warum wir unsere Geschichtsschreibung ändern müssen

320 Seiten, Überformat 16,5 x 23,5 cm, farbig gestaltet, mehr als 350 Fotos, Amra Verlag, € 29,95 [D]
ISBN 978-3-95447-160-7

Nördlich von Sarajevo, am früheren Sitz der bosnischen Könige, wurde ein Tal mit fünf Pyramiden und einem 16 Kilometer langen Tunnelsystem entdeckt, das 35.000 Jahre alte Holzreste enthält. Noch heute steigt ein Energiestrahl aus der Spitze der größten Pyramide auf. Sie dienten offenbar als leistungsstarke Quelle sauberer Energie. Das offizielle Buch des Entdeckers mit allen Forschungsergebnissen!

CD: DIE PYRAMIDEN VON BOSNIEN
Die elektromagnetische Sprache der Pyramiden – hörbar gemacht!

72 Minuten, Amra Records, € 19,95 [D]
ISBN 978-3-95447-162-1

Aus der Spitze der größten Pyramide tritt ein Energiestrahl aus, der seinen Ursprung 2,4 Kilometer unter der Basis in einer Eisenplatte hat. Welche Botschaft sendet er zu den Sternen? Atemberaubend ist seine meditative Qualität.

DVD: DIE PYRAMIDEN VON BOSNIEN
Mitten in Europa stehen die größten Pyramiden der Welt

93 Minuten, Amra Cinema, € 19,95 [D]
ISBN 978-3-95447-023-5

Der Filmautor und Regisseur Said Sefo wich dem Entdecker bei seinen Forschungen und Ausgrabungen monatelang nicht von der Seite. Herausgekommen ist eine mehrfach preisgekrönte, atemberaubende Dokumentation über eine Weltsensation.

Dr. Sam Osmanagich, Mitglied der Russischen Akademie der Wissenschaften, entdeckte in Bosnien die ersten Pyramiden Europas. Seitdem steht die wissenschaftliche Gemeinde kopf, denn aufgrund der Strahlungsmessungen und Radiokarbon-Untersuchungen muss die Geschichte der Menschheit neu geschrieben werden.

Textauszüge und Hörproben auf www.AmraVerlag.de • Überall im Handel!